40周胎教同步方案

■ 姜 艳 编著

辽宁科学技术出版社

·沈阳·

图书在版编目（CIP）数据

40周胎教同步方案/姜艳编著. —沈阳：辽宁科学
技术出版社，2013.6
ISBN 978-7 5381-7977-4

Ⅰ.①4··· Ⅱ.①姜··· Ⅲ.①胎教-基本知识 Ⅳ.
①G61
中国版本图书馆CIP数据核字(2013)第055771号

40周胎教同步方案
40 ZHOU TAIJIAO TONGBU FANG'AN

江之鸟图书

策划制作：北京江之鸟文化　　010-82942753
总　策　划：周诗鸿

出版发行：辽宁科学技术出版社
　　　　　　（地址：沈阳市和平区十一纬路29号　邮编：110003）
印　刷　者：北京市十月印刷有限公司
经　销　者：各地新华书店
幅面尺寸：200mm×230mm
印　　张：18
字　　数：280千字
出版时间：2013年6月第1版
印刷时间：2013年6月第1次印刷
责任编辑：邓文军　江之鸟
封面设计：添翼设计室
责任校对：合力

书　　号：ISBN 978-7-5381-7977-4
定　　价：36.00元
联系电话：024-23284376
邮购热线：024-23284502

前言

　　说到胎教，可能许多人并不陌生，但是大多数人对胎教的理解就是在孕期听听音乐。即使是这样做的人，可能对胎教的成效也还抱着半信半疑的态度。事实上，许多女性怀孕后都想要进行胎教，以期望自己的宝宝更聪明，但她们心中仍有疑惑，比如胎教是否真的有效果，胎教的科学基础在哪里，胎教究竟包括哪些内容，又该如何实施等。

　　其实，一直到现在，人们对胎教的研究从未停止过。无数的研究成果证实，在怀孕期间对胎儿实施多种形式的胎教，能使胎儿完美均衡地发育，使得胎儿的潜能得到最大限度的开发，为出生后的健康成长和教育打下良好的基础。可见，科学的胎教能对宝宝的一生都产生积极的影响。看到此，孕妈妈们是不是急不可待了呢？我们理解孕妈妈望子成龙的迫切心理，但合理适宜的胎教才能取得事半功倍的效果。胎教不是教育，也不是培养天才儿童，而是让胎宝宝发育得更健康、更聪明，孕妈妈们要正确认识胎教，避免陷入胎教误区。

　　本书为您准备了丰富的胎教内容，让我们一同了解胎教，学习正确的胎教方法，用一个个生动的故事、一曲曲动听的音乐、一幅幅优美的画卷……陪您一同度过孕期的每一天，将深深的母爱传递给胎儿！

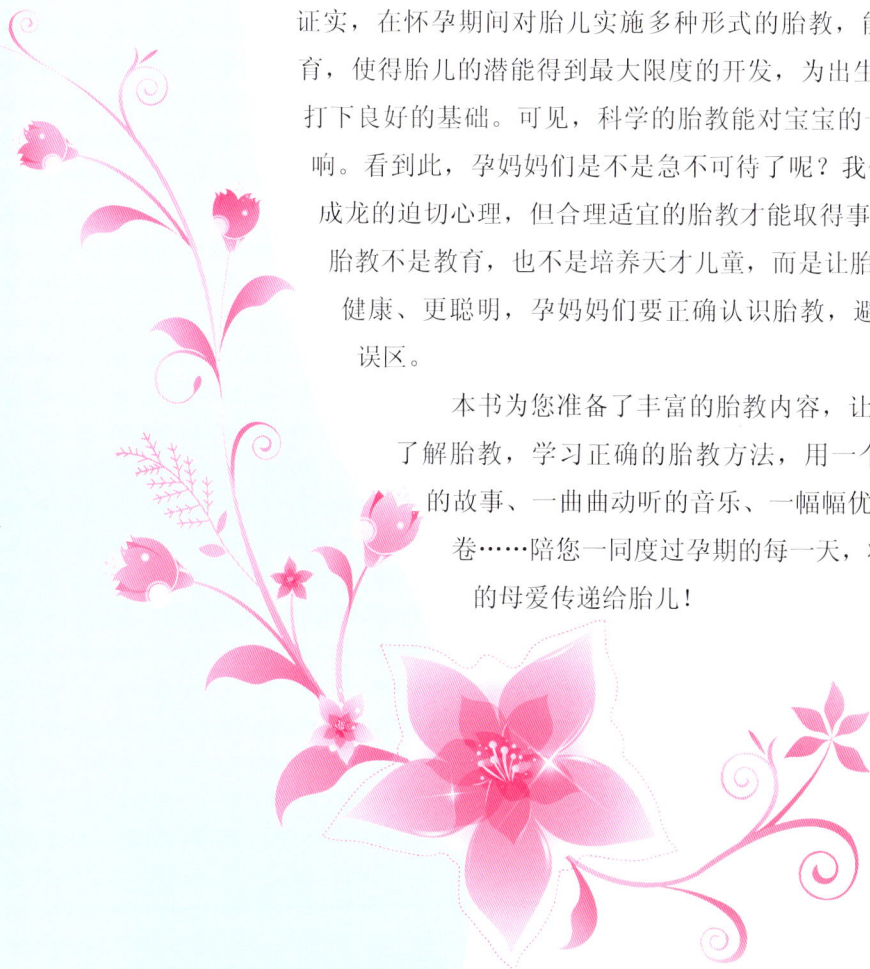

目 录

第1章 成功的胎教造就 聪明的宝宝

认识胎教 ……………………………… 10

环境胎教 ……………………………… 12

音乐胎教 ……………………………… 13

营养胎教 ……………………………… 15

情绪胎教 ……………………………… 17

语言胎教 ……………………………… 18

行为胎教 ……………………………… 20

视觉胎教 ……………………………… 21

抚摸胎教 ……………………………… 22

运动胎教 ……………………………… 24

制订胎教计划 ………………………… 25

第2章　孕早期（1～12周）
胎教方案

第1周 —— 你在哪儿呢? ………………………… 30

第2周 —— 我在等你 ………………………… 33

第3周 —— 为宝宝的到来挑个好日子 ………………………… 35

第4周 —— 悄悄地来了 ………………………… 38

第5周 —— 你的外形酷似海马 ………………………… 41

第6周 —— 宝宝有心跳了 ………………………… 44

第7周 —— 形状像数字9的胎宝宝 ………………………… 48

第8周 —— 复杂的器官都开始发育了 ………………………… 52

第9周 —— 初具人形的胎宝宝 ………………………… 56

第10周 —— 可以看见胎宝宝清晰的面部了 ………………………… 60

第11周 —— 欢乐地游荡在羊水里 ………………………… 66

第12周 —— 爱上运动的宝宝 ………………………… 71

40周胎教同步方案

第3章 孕中期（13～28周）
胎教方案

第13周 ——长得越来越漂亮了 ························ 78

第14周 ——做鬼脸的胎宝宝 ························ 82

第15周 ——胎宝宝打嗝了 ························ 87

第16周 ——更真实地感觉到宝宝的存在了 ·············· 91

第17周 ——越来越灵活顽皮了 ····················· 96

第18周 ——是男孩还是女孩呢 ···················· 100

第19周 ——宝宝能听到说话声了 ··················· 105

第20周 ——像鱼一样轻轻地游动 ··················· 110

第21周 ——宝宝长出指甲了 ······················ 115

第22周 ——皱巴巴的"小老头儿" ·················· 120

第23周 ——可以辨认妈妈的声音了 ·················· 125

第24周 ——外貌已像出生时的婴儿 ·················· 130

第25周 ——大脑发育的高峰期 ···················· 135

第26周 ——胎宝宝的脊柱越来越坚韧了 ·············· 140

第27周 ——宝宝会做梦了 ························ 145

第28周 ——胎宝宝的性格开始有所显现 ·············· 150

第4章　孕晚期（29～40周）胎教方案

第29周 ——逐渐地变圆润了 ·························· 156

第30周 ——宝宝能分辨光亮了 ······················ 161

第31周 ——小便功能的练习 ························· 166

第32周 ——宝宝的体格越发标准了 ················· 171

第33周 ——要时刻准备哟 ··························· 177

第34周 ——整个倒了过来 ··························· 182

第35周 ——宝宝的听力已经充分发育 ··············· 187

第36周 ——现在还没足月呢 ························· 192

第37周 ——宝宝无法做运动了 ······················ 197

第38周 ——摆来摆去的小脑袋 ······················ 202

第39周 ——发育完全了 ····························· 206

第40周 ——宝宝要出生了 ··························· 211

音乐胎教

什么是音乐胎教

美妙的音乐可以促进脑神经元的发育，不仅对胎儿有好处，也能使孕妈妈在音乐中放松自己的情绪。音乐是孕妇与胎儿之间互相沟通的桥梁，能被胎儿感受到，它是孕妇和胎儿建立最初联系和感情的最佳通道。

胎儿在子宫内与外界的联系，主要是由听觉器官来接受外界传入子宫内的声波刺激。对胎儿不时地发出乐性声波，可以使胎儿的大脑不断接受到良性刺激。

胎教音乐有两种，一种是给母亲听的，优美、安静，以E调和C调为主；另一种是给胎儿听的，轻松、活泼、明快，以C调为主。

音乐可直接引起大脑的反应，甚至比语言引起的反应更加直接和快捷。每天孕妈妈可以设定半个小时的时间来听音乐，时间不宜过长。在选择音乐时要有讲究，不是所有世界名曲都适合进行胎教的，最好要听一些舒缓、欢快、明朗的乐曲，而且要因时、因人而选曲。优美的音乐可以使母亲保持开朗的心境，而且能促进孕妇分泌一些有益母子健康的激素和酶，调节血液流量和神经，从而改善胎盘营养状况。所以，音乐理所当然地成为一种重要的胎教方式。

音乐胎教的方法

美妙怡人的音乐可以给腹中的胎儿留下和谐而又深刻的印象，还可以刺激孕妇和胎儿的听觉神经器官，促使母体分泌出一些有益于健康的激素，使胎儿健康发育。可见，让胎儿听音乐是使其智力增长和身体健康的好办法。

音乐胎教有以下几种方法：

◎哼歌谐振法

孕妇每天可以哼唱几首曲子，要轻轻哼唱，而不必放声大唱。最好选择抒情的曲子，也可唱些"小宝宝，快睡觉"等摇篮曲。唱时心情舒畅，富于感情，如同面对亲爱的宝宝，倾诉一腔柔爱和衷肠。这时，母亲可想象胎儿正在静听自己的歌声，从而达到母子心音的谐振。

◎音乐熏陶法

母亲每天多次欣赏音乐名曲，如《春江花月夜》、《雨打芭蕉》、《江南好》等传统名曲。在欣赏音乐的过程中，借曲移情，浮想翩翩，时而沉浸于一江春水的妙境，时而徜徉于芭蕉绿雨的幽谷，在这时如醉如痴，如同进入美妙无比的仙境，自然会对胎儿产生良好的影响。

◎器物灌输法

可准备一架微型扩音器，将扩声器放置于离孕妇腹部2厘米处。乐声响时，不断轻轻移动扩音器，将优美的乐曲透过母腹的隔层，源源不断地灌输给胎儿。每次可播放2～3支乐曲，时间为5～10分钟，既要让胎儿欣赏音乐的美感，又要防止胎儿听得过于疲乏，才会收到良好的灌输效果。

◎母教子"唱"法

胎儿有听觉，但胎儿毕竟不能唱。母亲应充分合理地发挥自己的想象，想象腹中的宝宝神奇地张开蓓蕾似的小嘴，跟着你音律和谐地唱起来。

母亲可先练音符的发音或较简单的乐谱，这样就可使之容易学容易记，一教就会。例如，反复轻唱音阶若干遍，每唱完一个音符等待几秒钟，这几秒钟即是胎儿复唱的时间，而后再依次进行。

胎教音乐的选择

在怀孕的不同时期，需要选择不同的胎教音乐。

◎1～3个月的孕早期

胎儿的器官正在逐步形成，孕妇往往会感到不适，胃口不佳，甚至恶心呕吐。此时，可听一些抒情、优美的曲子，如柴可夫斯基的《如歌的行板》、舒曼的《梦幻曲》等。这样可使孕妇分散注意力，使早孕带来的不适随着优美的音乐而缓解或消除。

◎4～7个月的孕中期

在此期间胎儿发育很快，活动增多，孕妇可与胎儿一起听一些活泼欢乐的音乐，如圆舞曲等，对于陶冶孕妇情操、促进胎儿发育大有益处。

◎8～10个月的孕晚期

胎儿已逐渐成熟，由于不久将分娩，准妈妈在欣喜之余，会感到紧张和担心。此时，胎教音乐可选择轻松动听的曲子，如肖邦的《降E大调小夜曲》、贝多芬的《G大调小步舞曲》等，使准妈妈的心灵得到慰藉，心情放松，胎儿有更良好的生长环境。

营养胎教

营养胎教的含义

营养胎教就是给胎儿提供充足的营养，保证胎儿发育良好，这也是进行胎教的根本和前提。营养胎教既要照顾孕妇的口味，又要注意食物营养，以保证孕妇和胎儿的物质需要，为胎儿提供充足的物质营养。因此，了解孕期的生理特点，科学饮食，对胎教来说也是很重要的事。

孕妈妈要有良好的饮食习惯

孕妈妈良好的饮食习惯，不仅能为胎儿提供充足的营养，而且能影响孩子出生后的饮食习惯，所以孕妇用餐应做到以下几点：

◎**三餐要定时**

孕妇应该在固定的时间吃饭，如早餐上午7～8点、午餐中午12点、晚餐下午6～7点。

◎**三餐要定量**

一日三餐，每一餐都很重要，不应该被忽略或合并在一起，注意热量与营养的均衡摄取，平分在三餐之中。

◎**三餐固定地点**

为了将来的宝宝能专心坐在餐桌旁吃饭，孕妇应该在固定的地点吃饭。

◎**用餐要专心**

一边吃饭一边看书或吃饭的同时看电视都是坏习惯，孕妈妈要专心吃饭，宝宝将来才会专心吃饭。

◎**保持愉快的心情**

进食过程应保持心情愉快。而且妈妈津津有味地吃完后，那种满足感会直接传达到胎儿的大脑，以后宝宝就会容易接受这些妈妈吃过的食物。

◎**食物保持多样化**

孕妈妈应尽量多吃天然原始的食物，而不是保健品。食物也要多样化，如五谷、新鲜水果和蔬菜等。身体所需的营养尽量从食物中获得。

◎**拒绝"垃圾食品"**

"垃圾食品"不但营养价值低，而且含高热量、高脂肪，比如冷冻甜品、罐头食品、蜜饯食品、油炸食品等。如果宝宝在母亲肚子里就习惯此种饮食模式，日后会很难让他拒绝"垃圾食品"。

怀孕不同时期的饮食要求

◎怀孕初期（0～3个月）

拒绝烟酒、咖啡因

怀孕后，女子一定要远离烟、酒、咖啡及含咖啡因的饮料。

多吃能减轻怀孕反应的食物

孕妇产生怀孕反应的时候，应该多吃能减轻反应的食物，如海鲜或沙拉等。如果呕吐厉害，则应多吃牛奶或水果等。

摄取维生素E和叶酸

维生素E在预防流产方面有一定的功效，应多吃含维生素E的糙米、菠菜等食物。

此时，由于婴儿脸部的各器官、腿、性器官等开始发育，因此需要摄取一些细胞分裂所需要的叶酸。

◎怀孕中期（4～7个月）

注意调节体重

这个时期怀孕反应基本结束了，孕妇开始适应怀孕，胃口变得好起来，但要注意调节自己的体重，不要暴饮暴食。

摄取足够的营养成分

为了预防贫血，应摄取铁和维生素C，因为维生素C能有助于身体吸收铁。所以这时候要多吃动物的肝脏、黑芝麻、柑橘类水果等。

这个时期还应该摄取充足的蛋白质和钙，因为胎儿大脑、肌肉、各个器官的发育，都需要蛋白质，而胎儿的血管和骨骼也正在发育，需要铁和钙。所以应多吃肉类、海鲜、豆类、海产品等。

◎怀孕后期（8～10个月）

摄入充足的纤维素

怀孕后期，子宫受到的压迫越来越强烈，会导致胃消化功能降低。所以孕妇在这个时期容易腰痛、便秘、患痔疮等。这时就应该多吃蔬菜和水果，以增加纤维素的摄取。

应远离部分食物

这段日子应尽量避免吃过咸、过甜、太辣、油性太大的食物。另外，菜里不要加味精，因为味精可消耗掉大量锌元素，导致胎儿缺锌，影响胎儿正常发育。

不要着凉

孕妇要注意，不饮用凉水，不吃刚从冰箱里拿出来的食物、罐头等。

注意营养均衡

这个时期，胎儿大脑发育很快，必须均衡摄取营养。即使是喜欢的食物，也不能连续吃，而不吃其他食物。另外，要减少盐分的摄入。

远离碳酸饮料

碳酸饮料会消耗掉部分铁，容易导致贫血，所以孕妇应该尽量少喝。

情绪胎教

什么是情绪胎教

情绪胎教，就是通过对孕妈妈的情绪进行调节，创造温馨的氛围及和谐的心境，使她忘掉烦恼和忧虑，并且通过母亲的神经递质作用，促使胎儿的大脑得以良好的发育。

胎儿在母亲体内并不是只知道睡觉，而是一直在接受母亲的生理和心理变化的影响。胎儿最早接触的声音就是妈妈的心跳和脉搏。从心跳的频率变化当中，胎儿直接能感受到妈妈的喜怒哀乐。

孕妇的情绪，不仅影响自身的食欲、睡眠、精力、体力等儿方面的情况，而且可以通过神经—体液的变化，影响胎儿的血液供给、心率、呼吸、运动等多方面的变化。如孕妇焦虑使婴儿往往多动、易怒、好哭；早期孕妇紧张、恐惧不安，会导致胎儿发生腭裂或形成早产及未成熟儿；巨大的恐惧还可以导致死胎，或足月胎儿体重过低；临产孕妇过度不安，肾上腺素分泌增加，可能发生滞产或产后大出血、难产率增高。

可以这样说，一个人的性格的培养、身心健康的教育都是从胎儿期开始的，是与孕妈妈的情绪息息相关的。

所以说，情绪胎教是胎教的一项非常重要的内容。

情绪胎教怎样进行

孕妈妈应胸怀宽广，乐观舒畅，避免烦恼、惊恐和忧虑，多想孩子远大的前途和美好的未来。胎儿在妈妈的肚子里，能够聆听到妈妈的声音，感受到妈妈的心情，还能对这些刺激形成记忆。母亲此时的情绪变化会给胎儿带来巨大的影响。

因此，在妊娠期间，孕妇应排除会引起胎儿不良反应的意识，把善良、温柔的母爱充分体现出来，要多赞美宝宝，来表示对宝宝的亲近，最好经常大声地对他说："妈妈好爱你哦，宝宝，你是妈妈最爱的人！"还可与他谈家常，跟他说悄悄话，让宝宝充分感觉到妈妈的爱意，早早建立良好的互动关系。

语言胎教

什么是语言胎教

语言胎教是声音刺激中，除了音乐胎教之外的另一个重要内容。从理论上讲，它的传播途径与音乐胎教是一致的。

简而言之，语言胎教就是父母跟胎儿说话。不要觉得隔着肚皮与胎儿说话是件深奥难理解的事，只要你用"爱"来看待腹中的胎儿，经常对胎儿说话，就可以刺激胎儿脑部发展，有助于胎儿的成长。

科学研究表明，胎儿对于准爸爸低沉、浑厚的声音反应最为积极。所以准爸爸也要常常与胎儿说话。准爸爸和胎儿说话时，语调要轻柔、平和，慢慢提高音量，接近平时说话声音。

每天屋子里安静的时候，孕妇觉出胎动比较活跃时，准妈妈、准爸爸就可以和胎儿讲话，胎儿虽然还没出生，但是应该给他起个乳名，经常亲切叫他的乳名，胎儿出生后会对父母亲的呼唤很快作出反应，也容易与父母亲建立起亲密的关系。

语言胎教怎样实施

语言胎教应该如何实施呢？其实很简单。

从确切知道怀孕的消息开始，就经常与胎儿说话，让他习惯妈妈和爸爸的声音，等到胎儿完全习惯了父母的声音后，当父母发出声音或思考时，胎儿就能感觉到父母的心灵，理解父母的话语。

从怀孕第5个月开始，应该尝试着让胎儿集中精力，让他时刻感受到父母和他的交流，从而促进他智力的发展。

语言胎教的题材很多，比如以下几种：

◎说家常话

可以给胎儿说身边发生的事，一天中做了什么、想了什么、吃了什么、看到了什么、听到了什么、有什么感想。具体到打扫房间、洗衣服、做饭、买东西、去医院、去银行，或者织毛衣、穿衣打扮、看电视、洗澡等。早晨起来，可先向胎儿描述天气情况，甚至温度的高低等。

总之，生活中的一切都可对胎儿叙述，这是胎教中最重要和最基本的不可忽视的环节，这些行为会给胎儿大脑带来有效的刺激。

◎讲故事

讲故事时，母亲把腹内的胎儿当成一个大孩子，娓娓动听地述说，亲切的语言会通过声波的振动传递给胎儿，使胎儿不断接受环境的影响，在不断变化的文化氛围中孕育成长。父母可以讲自己编的故事，也可以讲书上的故事，要选择那些短小有趣的民间故事、童话故事讲，而较易引起恐惧和伤感的故事则不宜选用。

讲故事时，母亲应选一个自己感到舒服的姿势，精力要集中，吐字要清楚，声音要和缓。

◎讲生活常识

让胎儿预先掌握生活中的智慧和一般常识，以便出生后对日常生活的事物更加感兴趣。如做菜给胎儿，通过嗅觉将菜的气味转达给胎儿。

总之，语言胎教就是要挑一些有趣的话题，通过感官和语言传递给胎儿，把头脑中的想象和实际情况都用语言表达出来，以刺激胎儿的思维和好奇心。

要注意，开始的时候，每天定时跟胎儿说话，每次说话时间不超过10分钟。到怀孕第8个月时，孩子的听觉器官发育大体完成时，应强化对话过程，增加跟胎儿说话的次数和时间。

由于胎儿一直在妈妈肚子里，还没有关于外部世界的认识，而且，他并不是完全用耳朵听，而是用他的大脑来感觉、接受母体的感情。所以，孕妇在跟胎儿说话时，应集中精神，排除杂念，把宝宝当成一个能听懂话的孩子，耐心地跟他说这些平时看来好像是废话的话语，才能达到预期的效果。

行为胎教

什么是行为胎教

行为胎教就是通过孕妇自身的行为影响胎儿。

我国古人在这方面就早有论述，古人认为，胎儿在母体内就应该接受母亲言行的感化，因此要求孕妇清心养性、遵守礼仪、品行端正，给胎儿以良好的影响。

准父母们一定不要忽视行为胎教，尤其是孕妇，自身的言行，会影响胎儿乃至孩子的一生。

如何进行行为胎教

胎儿是由母亲孕育出来的，他在母亲的腹中接受来自外界的信息，因为与他最接近的就是母亲，所以孕妇的一言一行、一举一动都将对胎儿产生潜移默化的影响。

如果一个女性说话粗鲁、举止骄横、酗酒、嗜烟、吵架斗殴、沉迷于打麻将，经常出入赌场、歌厅、酒吧，听震耳欲聋的摇滚乐、爱搬弄是非，那她很难孕育出智力超群、身心健康的孩子的，因为她的孩子出生后，如果仍然在这样的家庭环境中成长，很难得到正确的指导，在成长过程中自然就会学会抽烟、喝酒、赌博、搬弄是非、打架斗殴。

如果一个女性具有良好的文化修养、健康的生活情趣、不怕困难、乐观向上，那她生出的孩子必然会有健康的心灵。孕妇的学识、礼仪、审美情趣等方面都会对胎儿有影响，尤其是7个月以后的胎儿，已有了听觉和感知能力，能对受到的刺激作出一定的反应，孕妇在这个时候加强情操言行修养，

是很有必要的。

为了做好行为胎教，每一个孕妇都应从自己做起，努力提高自身修养。具体做法大致有以下几点：

◎培养良好的习惯

良好的习惯要从一点一滴的小节做起，如服饰保持整洁、言谈文雅、声调柔和、举止端庄、注重公共道德等。

◎培养健康的生活情趣

充实自身的精神生活，热爱大自然，热爱人生。

◎加强文化修养

加强文化修养可以使内心世界更丰富。孕妇可以有计划地阅读些有益于身心健康的文学作品、知识读物以及人物传记，从中汲取无尽的"营养"，充实、丰富、美化自己的语言；品评一些精美的摄影、绘画作品；欣赏一些优美的音乐等。

视觉胎教

什么是视觉胎教

视觉胎教，是指在怀孕后期，当胎儿醒着时，用手电筒的光照射孕妈妈腹部，以训练胎儿昼夜节律，促进胎儿视觉功能及大脑的健康发育。这样训练过的胎儿，出生后能够适应白天玩、晚上睡的生活。这样的胎教也有利于胎儿的视觉功能发育，对胎儿日后视觉敏锐、协调、专注、阅读都将会产生良好的影响。

视觉胎教可选择在每天早晨6～7点钟或每晚8～9点钟左右进行，以便孩子以后养成按时起床、按时睡觉、过规律生活的好习惯。

视觉胎教怎样进行

专家们认为，胎儿视力发育较晚，在怀孕的早期和中期，一直处于闭着眼睛生活的状态。

一般来说，胎儿4个月时，视功能开始发育，此时如果用光线稍强的手电筒光照孕妇腹部，胎儿会对光线有反应，但他并不睁眼。

胎儿7个月时，胎儿的视力发育得比较成熟，视网膜能够感应外界光线，并把光的信号传送到大脑。

所以，视觉胎教最好在胎儿7个月时开始。

做视觉胎教应注意以下几点：

▲忌用强光照射，光线最好弱一点，用光线较弱的手电筒就可以。

▲每次时间不宜过长，一般几分钟就可以了。

▲可以每天早晚各选一个合适的固定时间。

▲做视觉胎教时，孕妇选舒服的姿势坐好或躺好，放松精神，保持心情愉悦。

▲开始前，孕妇可以轻轻拍拍胎儿，对他说些话，如："宝贝，来，看光亮。"然后用手电筒在离肚子不远处照射。照射时，要有节奏，让手电筒一亮一灭，以促使胎儿视觉细胞进行应对活动。

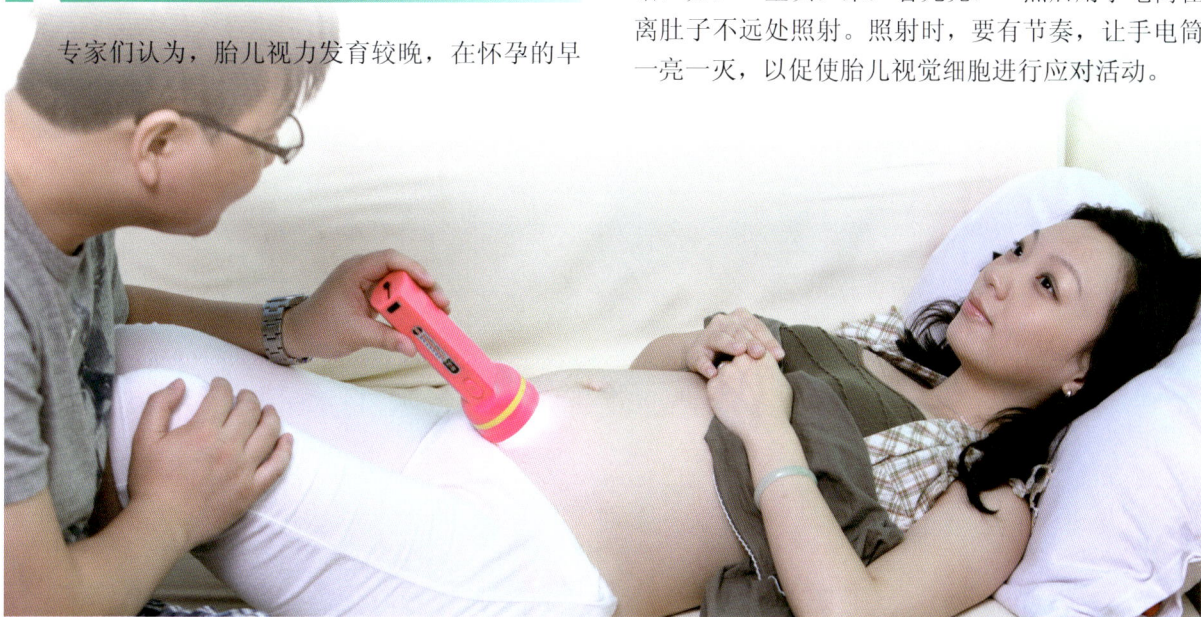

抚摸胎教

什么是抚摸胎教

抚摸胎教就是父母通过轻柔的抚摸，感受孩子的胎动，与胎儿做触觉交流，宝宝在被抚摸的过程中，也可以感受到父母的爱。

抚摸胎儿的目的，是通过对胎儿施以触觉上的刺激，促进胎儿的大脑发育。胎儿对触觉刺激有着较灵敏的反应，有的孕妇发现，抚摸胎儿头部会增加胎儿的心率。一般来说，父母通过触摸动作和声音，与腹中的胎儿沟通信息，可以使胎儿有一种安全感，使他感到舒服和愉快。

抚摸胎教怎样进行

一般来说，怀孕4个月就可以应用抚摸胎教了，特别是怀孕后期更为有益。

进行抚摸前，准妈妈先排空小便，仰卧在床上，头部不要垫高，下肢膝关节向腹部弯曲，双足平放于床上，全身尽量放松。

抚摸可由妈妈进行，也可由爸爸进行，也可轮流进行。抚摸胎教具体有以下几种方式：

◎抚摸胎儿

孕妇双手置于腹部，按从上至下、从左至右的顺序抚摸胎儿。胎儿受到刺激后会出现胎动，这是对妈妈抚摸的反应。等到胎儿活动时，父母应及时主动迎接并轻轻加大抚摸力度，使胎儿感到有人在同他们"握手"。这种抚摸可反复做几次，若能伴随胎教音乐一起进行，效果会更好。

◎按压胎儿

双手捧着胎儿，用一个手指轻轻地按压胎儿，然后放松即可，就像在跟胎儿玩耍，反复做10次左右。

◎推动胎儿

胎儿六七个月以后，父母能摸出胎儿的形体。这时，孕妇可以双手轻轻捧起胎儿，然后松手，再捧

起，再松手，也可轻轻推动胎儿在水平方向来回动，这样可使胎儿产生运动感，胎儿会挥拳与蹬足主动迎接父母帮助运动的手。

◎**互动游戏**

　　胎儿踢妈妈腹部时，准妈妈就轻轻拍打该部位作为回应，胎儿再踢，妈妈再拍，如此反复。过一段时间，可改变方法，妈妈主动拍打腹部引起宝宝的回应。

　　对以上的胎教刺激，前两个星期，有的胎儿不会作出明显的反应，有的胎儿在刚开始进行抚摸或按压时就会作出反应，等母亲手法娴熟并能与胎儿配合默契后，胎儿一般都能作出比较明显的反应。随着孕期的增加，胎儿的反应会越来越明显。过几周后，胎儿只要一接触到父母放在腹壁上的手，就会主动要求玩耍。

　　在抚摸胎儿时，要注意胎儿的反应。如果胎儿对抚摸、推动或拍打的刺激不高兴，就会用力挣脱或者蹬腿反对，这时应马上停止抚摸或推动。如果胎儿受到抚摸后，过一会儿才轻轻的蠕动，可以继续抚摸，持续几分钟后再停止抚摸。抚摸胎儿的时候，还应充满柔情地对胎儿说话，让胎儿更强烈地感受到父母的爱意。

抚摸胎教的注意事项

　　抚摸胎教能促进胎儿智力发育、加深父母与胎儿之间的感情，但是进行抚摸胎教时需要注意以下几点：

　　▲对胎儿的抚摸训练应该在胎动比较频繁时，即胎儿醒着的时候进行，如起床后和睡觉前，应避免在孕妈妈进食后进行。

　　▲抚摸或按压胎儿时，动作一定要轻柔，不可太用力，以免引起意外。

　　▲抚摸胎教的时间不宜过长，每天做2～3次，每次5分钟左右。

　　▲如果准妈妈有习惯性流产、早产史、产前出血及早期宫缩等状况，则不宜进行抚摸胎教。

　　▲准妈妈在怀孕中后期，如果出现不规律宫缩，腹部一阵阵变硬，就不应该再做抚摸胎教，以免引起早产，可以改用音乐胎教或语言胎教。

运动胎教

什么是运动胎教

运动胎教，是指准妈妈进行适当的体育锻炼，以促进胎儿大脑及身体的健康发育，并且有利于准妈妈正常妊娠及顺利分娩。

运动能使准妈妈吸入更多的新鲜氧气，加速体内废物的排出，有效地缓解孕期的不良反应，转变孕妇的心情，让胎儿能够更加顺利地度过整个孕期。

通常，胎儿是通过脐带来摄取氧气或营养，适当的运动能让母亲充分地摄取氧气，胎儿的大脑就会因为充足的氧气而变得灵活。

孕妇适宜进行的运动项目

孕妈妈应慎重选择运动项目，最好选择可以和伴侣或者朋友一起参与的项目。那些剧烈的、易摔倒、易失去平衡或者易损伤腹部的项目，如骑马、高山滑雪或篮球、排球等运动都不应参加。运动应以不感到劳累为宜。

适宜孕妇进行的运动项目有：

◎散步

孕妇最好的运动莫过于散步，它可促进血液循环，增加肺活量，可以提高神经系统功能和心肺功能，增加新陈代谢，加强肌肉活动。孕妈妈可以每天走半小时，如果上下班路程不远，可以不乘公共汽车，而改步行。

散步宜选择在空气清新的绿地、公园等处，不宜走太快，以免造成疲劳或对身体震动太大而影响胎儿。

◎做瑜伽

孕妈妈瑜伽和普通的瑜伽是不同的。孕妈妈练习瑜伽可以增强体力和肌肉的张力，增强身体的平衡感，使孕妈妈身体的肌肉组织变得更柔韧、灵活，同时还可以改善睡眠，消除失眠。

◎跳舞

专家认为慢步交谊舞是孕妈妈的一项很好的活动，孕妈妈在整个孕期都可以跳，这有利于身心的调节和健康。但是，应注意不要过于劳累，跳舞场所的空气要新鲜。

◎做孕妇体操

有一种孕妇体操很适合用作运动胎教，这是专门为孕妇设计的体操，运动量不大，而且对胎儿的健康很有好处。

运动也有禁忌，应在医生指导下进行。如果孕妇有子宫颈无力症病史，或有早产、反复流产史，或已经确诊的心脏病、有妊娠初期高血压等情况，则不能参加运动。

制订胎教计划

掌握胎儿学习的最佳时机

胎教是一个循序渐进的过程，不能操之过急，应该根据胎儿生理发育的特点逐步实施。

1～4个月是胎儿的快速成长期，这个时期内，神经系统和循环系统都已经开始发育，眼睛、耳朵、消化系统、肺等器官开始形成，这也是胎儿手脚发育的重要时期。此时胎教的基础是营养，其次是良好的环境。其实，在整个孕期，孕妇都要尽可能避开各种污染，比如二手烟、汽车排放的尾气等；其次要注意饮食营养均衡，按照医生的嘱咐补充各种营养，咖啡、可乐等刺激性的食物要少吃。

怀孕第4～5个月，可给胎儿进行音乐胎教，每日2次，每次3～5分钟。怀孕第5～7个月时，可用两首乐曲轮流播放，父母还可以和胎儿说话或唱歌，每日2次，每次5分钟。怀孕7个月后可以正规上课，每日3次，每次5～10分钟，早上讲故事或唱歌，下班后听音乐或文字训练，晚上临睡前进行音乐和文字训练。

4个月以后，孕妈妈最好不要长期待在环境嘈杂的地方，如歌舞厅、建筑工地等。听音乐时，千万不要把耳机或者音箱扣在肚皮上。因为胎儿的听觉正在发育，嘈杂刺耳的声音会损害胎儿的听觉。准妈妈在情绪低落时，身体会分泌有害的激素，影响胎儿的神经发育和营养吸收。所以，孕妈妈要懂得稳定自己的情绪，就是最佳的胎教。

大概在5个月的时候，胎儿对妈妈的情感会有反应。所以准妈妈要保持良好的心情，跟胎儿进行情绪上的交流。当心情不好的时

候，需要转移注意力，如多做冥想，可以想象蓝天白云、青山绿水。可以欣赏一下喜欢的画作，听听喜欢的音乐，也可以做深呼吸。挺胸收腹，做吸气的同时提肛收腹，深呼吸一定要缓要深，这样才有效。可以每天做2～3次，每次做15分钟左右。

在5个月之前，胎儿只能感知轻微的振动，还听不到任何声音。到5个月时，胎儿的听觉已经开始发育，在6个月的时候，胎儿的听觉逐渐发达，可以分辨妈妈的声音和周围的响声，这时可以进行音乐胎教。孩子在肚子里，睡眠的时间多，清醒的时间少。第一次只做5分钟，以后慢慢地增加，最多也只能增加到10～15分钟，时间从每天1次，每周2次，增加到每周做4次，每天做3次。音频的频率和强度，分贝不能超过65分贝，就是听起来刚好能听清楚就好，并且感觉不到刺耳。

5～7个月的孩子最喜欢妈妈的声音，胎儿在肚子里就可以先熟悉妈妈的声音，增强彼此的感情交流。爸爸说话比妈妈更有效，因为男性的声音具有穿透力，更容易穿透腹壁进入到胎儿的耳朵里。由于脑神经系统发育，胎儿也开始能直接感受到妈妈的情感，所以这时候，准爸爸妈妈们千万不要吵架，否则会给胎儿造成不良的心理影响。

8～10个月可以开始抚摸胎教。胎儿在4个月的时候，已经渐渐产生了触觉，在8个月的时候，胎儿的身体发育就基本成形了，这时候，胎儿可以依自己的意愿活动身体，也开始对外界的声音、动作有了反应，妈妈摸着肚子可以感受到孩子的身体，也可以感受到孩子的动作和情绪。

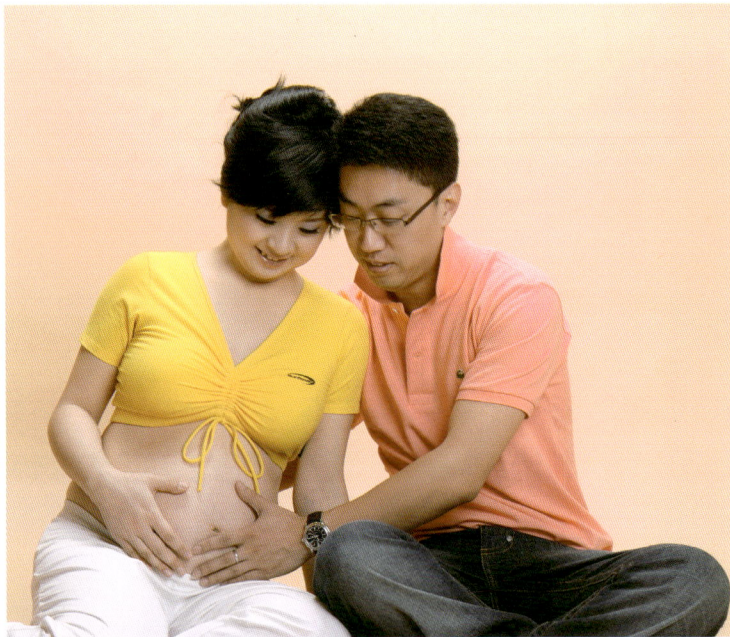

胎教计划表

当胎宝宝安然地在腹中成长时，准父母们对胎教是不是已经跃跃欲试了呢？那就根据自己的作息制订一份胎教计划表吧。

	时间	生活内容	胎教内容
孕期前4个月胎教计划表	6:30	起床洗漱，整理房间	向胎宝宝问早上好（准爸爸可以和孕妈妈一起问候），并说说话
	7:00	早餐	营养胎教
	7:30	上班途中	可进行语言胎教、运动胎教、情绪胎教
	8:00	工作时间	抽空与胎宝宝聊聊天，休息时做做运动，或给胎宝宝讲讲故事，描绘一下身边发生的事情
		如果孕妈妈不用上班，应做些自己认为有意义的事	可以边做家务边哼唱自己喜欢、熟悉的歌曲，也可以听听胎教音乐
	12:00	中餐	补充营养
	12:40	午休	保证睡眠
	13:30	工作时间	工作间隙注意活动，并适量补充营养
	17:30	下班	途中可进行语言胎教、环境胎教
	18:30	晚餐	营养胎教
	20:00	与准爸爸在一起的时间	散步，或让准爸爸讲自然、社会、科学等百科知识以及自己的所见所闻
	22:00	睡觉	和胎宝宝道晚安

	时间	生活内容	胎教内容
孕5个月至出生胎教计划表	6:30	起床，洗漱，准备早餐	向胎宝宝问早上好，并说说话
	7:00	早餐	营养胎教
	7:30	上班途中	可进行语言胎教、运动胎教、情绪胎教
	8:00	工作时间	抽空与胎宝宝聊聊天，休息时做做运动，或给胎宝宝讲讲故事，并适时补充营养
		如果孕妈妈不用上班，应做些自己认为有意义的事	可做做家务，购买宝宝用品，或散散步，做做瑜伽、体操等运动
	12:00	中餐	保证营养
	12:40	午休	保证睡眠
	13:30	工作时间	工作间隙注意活动，并适量补充营养
	17:30	下班	途中可进行语言胎教、环境胎教
	18:30	晚餐	营养胎教
	20:00	与准爸爸在一起的时间	散步，或做做运动。准爸爸与胎儿互动，语言胎教
	21:00	游戏时间	进行音乐胎教、光照胎教
	22:00	睡觉	和胎宝宝道晚安

第2章

孕早期 (1~12周)
胎教方案

当你得知怀孕的那一刻，除了深深的喜悦，是否还有一种责任感油然而生？胎宝宝蕴藏着巨大的能力，适宜的胎教能给予宝宝合理的刺激，从而促进宝宝的发育。还等什么呢，快快将你浓浓的母爱传递给腹中的宝宝吧，在爱的氛围中，让你和宝宝一起开始快乐的孕育之旅。

第 1 周——你在哪儿呢？

准妈妈：宝宝，妈妈知道你还没有来到我身边，你现在仍是分别以精子和卵子的形式寄存在我和爸爸的身上。但是我们是那么期待你，我和你爸爸已经做好了迎接你的准备，我们甚至已经开始想象你的模样，讨论将来要给你怎样的教育。我们伴随着你一路成长的日子，该是多么快乐、幸福的时光！

胎宝宝：妈妈，你在哪儿呢？你还没找到宝宝，所以宝宝还没有进驻你的身体。妈妈，我很乖，我会耐心等你找到我的。

孕妈妈的健康生活

◆ 合理摄取营养，适当地进行户外活动，补充氧气，这样既可赶走困倦，又可改善心情。

◆ 每天尽可能早些休息，缓解疲惫，保持充足的睡眠和良好的精神。

◆ 这段时间不要轻易服用药物，禁止拍X片、CT检查等。

◆ 坚持口服叶酸片（从怀孕的前3个月至妊娠后3个月）每天0.4毫克，可预防胎儿神经管畸形。

◆ 正确认识怀孕，调整好情绪，保持愉悦心情，一个新生命的孕育应该伴随着愉快开始。

做好胎教中的主角

我们知道，胎儿是由母亲孕育的，母体既是胎儿赖以生存的物质基础，又是胎教的主体。一方面，母体为胎儿的生长发育提供了一切必要的条件，母亲的身体素质和营养状况直接关系到胎儿的体质健康；另一方面，母亲的文化修养、心理卫生情况又不可避免地在胎儿幼小的心灵中打下深深的烙印，对孩子的精神世界产生很大的影响。

因此，孩子生命中第一任老师的重要角色责无

旁贷地落在母亲的身上。

从发现自己的腹内已经萌芽出一个小生命时起，多数未来的母亲便萌生出保护和培养这一幼小生命的责任感和使命感，做好胎教中的主角，从现在开始吧。

读书吧

此时的胎宝宝还不存在，就是在孕早期，胎宝宝自己也并不能接受孕妈妈的胎教。但是，如果孕妈妈能多看一些漂亮的图片，阅读优美的文字，听一曲欢快、轻松的乐曲，唱一首喜欢的歌曲，做自己感兴趣的事情，对放松精神、愉悦身心都有益。妈妈的情绪愉悦、精神饱满，能将这种愉快传递给胎儿，这就是最好的胎教。

下面这篇散文是泰戈尔的《开始》。生命的开始，蕴藏着无限的爱意。宝宝，我们时刻准备着，迎接你的到来！

"我是从哪儿来的？你，在哪儿把我捡起来的？"孩子问他的妈妈说。

她把孩子紧紧地搂在胸前，半哭半笑地答道——

"你曾被我当作心愿藏在我的心里，我的宝贝。"

"你曾存在于我孩童时代玩的泥娃娃身上；每天早晨我用泥土塑造我的神像，那时我反复地塑了又捏碎了的就是你。"

"你曾和我们的家庭守护神一同受到祀奉，我崇拜家神时也就崇拜了你。"

"你曾活在我所有的希望和爱情里，活在我的生命里，我母亲的生命里。"

"在主宰着我们家庭的不死的精灵的膝上，你已经被抚育了好多代了。"

"当我做女孩子的时候，我的心的花瓣儿张开，你就像一股花香似地散发出来。"

"你的软软的温柔，在我青春的肢体上开花了，像太阳出来之前的天空里的一片曙光。"

"上天的第一宠儿，晨曦的孪生兄弟，你从世界的生命的溪流浮泛而下，终于停泊在我的心头。"

"当我凝视你的脸蛋儿的时候，神秘之感湮没了我；你这属于一切人的，竟成了我的。"

"为了怕失掉你，我把你紧紧地搂在胸前。是什么魔术把这世界的宝贝引到我这双纤小的手臂里来的呢？"

准爸爸的参与

在此时，准爸爸也有一些生活细节需注意：

◆忌烟、酒。

◆温热环境对睾丸有损害，所以不宜穿紧身衣裤。

◆暂时不宜服用药物。

◆保证营养，锻炼身体。

◆保持愉悦的情绪。

孩子是两个人的，在胎教中，准爸爸扮演着非常重要的角色。怀孕后，孕妈妈一个人要负担两个人的营养及生活，非常劳累，心情很容易受到影响。那么，家人的关心和体贴就显得格外重要。父爱像阳光雨露，滋润着孕期的母子，孕育着生命的子宫内展现着无限的生机与希望，母亲就像是大地提供足够的养分。没有了阳光雨露的滋润，缺乏了爱的呵护，胎儿的心灵将是孤独、寂寞、痛苦的。

所以，准爸爸应为妻子分担一些事情，比如关心妻子孕期的营养问题，为妻子做可口的营养餐；早晨陪妻子一起到幽静的公园、树林、田野中去散散步，做做早操，嘱咐妻子白天晒晒太阳，多多关心、爱护妻子。这样，孕妈妈感受到丈夫的体贴，自然会觉得舒适惬意。

准爸爸对孕妈妈的体贴与关心，对胎儿的抚摸与问候，都是很好的情绪胎教。希望准爸爸们都能勇敢地承担起这个责任，为成功的胎教尽一份力。

营养食谱

韩式江米排骨

原料： 排骨500克，江米150克

调料： 酱油、南乳汁各5毫升，蚝油10克，食盐、味精各少许

做法

1. 江米淘净，加水浸泡2小时，沥干水分待用；

2. 将排骨斩成长段，洗净血污后捞干水分待用；

3. 盆内放入排骨段，加入酱油、蚝油、食盐、味精、南乳汁腌渍30分钟，再均匀蘸上泡发好的江米，上蒸锅蒸30分钟至熟即成。

tips 此菜能补气强身，正适合作为孕前的补益调养菜品。

第2周——我在等你

准妈妈：亲爱的乖宝宝，爸爸妈妈正在为迎接你而努力，想到将有一个可爱的宝宝进入我们的生活中，听我唱歌，听我给他讲故事，和我一起做游戏，妈妈感觉好幸福。你是上天对我们的恩赐，爸爸妈妈一定会非常爱你。

胎宝宝：亲爱的妈妈，现在卵子已经在你的体内经历了第一轮的"淘汰赛"，脱颖而出的优胜者就是我啦，你一定要告诉爸爸抓住这个最佳时机迎接我哦！

孕妈妈的健康生活

◆ 可以采取一些方法测试排卵期，以便提高怀孕几率。如用体温计测试基础体温，或用排卵试纸来测试，排卵试纸普通药店都可买到。

◆ 不要再洗热水浴。热水指水温超过42℃，因为高温会使精子的活性和数量下降。而如果已经怀孕，在怀孕的最初几周内，处于发育中的中枢神经系统特别容易受到热的伤害。洗热水浴或做蒸浴都可能会妨碍胎儿的大脑细胞组织生长。此时洗温水浴（水温在35℃左右）较适宜。

运动吧

有一种放松心灵的冥想操，每天早晚冥想一次，可以放松身心，排解压力，对情绪和身体有很大的好处。不妨从现在开始试一试。

第一步：
仰卧在床上，双眼微闭，暗示自己全身放松。头颅、胸腹、四肢，全身的每一处都要放松，排除大脑中的杂念。

第二步：
对自己轻轻地说："我内心非常宁静舒适——我的心灵已经到了一片广阔的天地——沐浴着温暖的阳光和清新的空气——我感到非常舒适惬意——景色很美，我的眼睛被美丽的色彩所充满——我很快乐，感觉心旷神怡。"暗示时要发挥想象力，想着自己所说的一切。

第三步：

继续暗示自己："我听到了远处有孩子在'咯咯'地欢笑，我也情不自禁地笑起来了——今天是很美好的一天——感受到了内心的喜悦。"暗示时眼睛要轻轻闭上，发挥想象力想着自己所想的一切。

第四步：

全身放松，并仔细体会、感受自己内心的愉悦。然后慢慢睁开双眼，起身下床，保持自己内心的微笑去做别的事情。

准爸爸的参与

对大多数女性来说，幸福的事是什么？是爱。爱是女性永恒的主题。拥有爱的结晶更是一件幸福的事。

夫妻彼此相爱，感觉最幸福的时刻就是受孕最佳时刻。夫妻双方的幸福感不但有利于受孕，更有利于胎宝宝的孕育和成长。

本周是妻子的排卵期，抓紧时机，用你的热情主动，营造美妙的亲热氛围，和妻子一起完成这项甜蜜的任务吧！

营养食谱

百合五子蒸南瓜

原料： 小南瓜1个，干百合50克，莲子、花生各80克，红枣10颗，松子仁30克

调料： 白糖少许

做法

1. 干百合、莲子、花生、红枣分别洗净，浸泡2小时，再放入锅中加水煮30分钟；

2. 将小南瓜洗净，切去1/3，挖净瓤；

3. 将煮好的百合、莲子等捞出，加入松子仁，装入挖空的南瓜盅内，白糖加少许水调匀，淋入盅内食材上，再放入蒸锅蒸30分钟至食材全熟即可。

第3周——为宝宝的到来挑个好日子

准妈妈：可爱的宝宝，也许你现在已经存在妈妈的肚子里，但是妈妈却毫无察觉，但是别担心，为你的到来，妈妈无时无刻不在准备着。因为有你，妈妈会更幸福，你听，妈妈给你唱一曲快乐的歌吧！

胎宝宝：亲爱的妈妈，一个顽强的精子经历了千山万水，来到我面前，我们很快就会结合形成受精卵，就要在你的肚子里安营扎寨啦！

孕妈妈的健康生活

◆居室应保证安静舒适、清洁卫生、通风良好、空气清新。居室的空间不一定很大，重要的是要装饰得温馨舒适，身处其间始终都能保持轻松愉快的心情。

◆房间温度和湿度应该适宜。室温最好保持在20～22℃，温度太高会使人有精神不振、头昏脑涨的感觉。温度太低也会影响人的正常生活。居室最好的空气湿度以50%为宜。

◆居室的色彩搭配应以温和清新为主，可采用乳白色、淡蓝色、淡紫色、淡绿色等色调，能使孕妈妈内心的烦闷很快消除，心情趋于平和、安详。当孕妈妈处于这样的居室环境中，神经得到松弛，体力得到恢复，也有利于胎儿大脑的发育。

◆远离有害的工作岗位。如某些特殊工种，经常接触铅、镉、汞或化学农药等，会增加妊娠流产和死胎的可能性。高温作业、振动作业和噪声过大的工种，均可对胎儿的生长发育造成不良影响。从事电离辐射研究、电视机生产以及医疗部门的放射线工作的人员，均应暂时调离工作岗位，以防损害胎儿。

母爱是胎教的基础

在10个月的等待过程中，母亲感受着胎儿的蠕动，关注着胎儿的成长，祈求着胎儿的平安，情感逐步得到升华，产生出一种对胎儿健康成长极为重要的母子亲情。正是这种感情，使意识萌发中的胎儿捕捉到爱的信息，为胎儿形成热爱生活、乐观向上的优良性格打下基础。

因此，每一位孕妈咪都应充分认识神秘的大自然交给自己的使命，在妊娠每一天的活动中，倾注博大的母爱，仔细捕捉来自胎儿的每一个信息，母子之间进行亲切友好的交流，以一颗充满母爱的心，浇灌萌芽中的小生命，这就是正确的胎教基础。

唱歌吧

此时的胎宝宝也许才刚刚落户你的肚中，他还不能感受到胎教。但是，快乐的心情、放松的状态是有利于孕育新生命的，所以，此时的孕妈妈不妨听一听、唱一唱欢快的歌曲或乐曲。欢快的节奏，让心情也变得飞扬起来，尽情感受这种美好吧！

夏日泛舟海上

威尔第曲 费里斯填词 邓映易译

夏天在大海上，尽情地游荡，
让我们高声唱，多自由多欢畅；
海面起微波，轻风在飘扬，
四周银波闪闪，到处浪花跳荡，
我们心心相连，一切哀怨消尽，
让美神的微笑永远照亮。

让小船飘荡，请听我歌唱，
我和你不分离，相爱永不忘；
船桨齐飞动，快划到海中央，
大家同心合力，再没有悲伤；
我们心心相连，一切哀怨消尽，
让美神的微笑永远照亮。

看远处小鸟，在蓝天飞翔，

歌声多婉转，真令人神往，

就像对我们说，快排除忧伤，

短促的欢乐，须抓住不放，

我们心心相连，一切哀怨消尽，

让美神的微笑永远照亮。

准爸爸的参与

怀孕生子可不是孕妈妈一个人的事，准爸爸除了忙于事业，还要懂得如何与妻子一起享受这10个月的美好时光。准爸爸和孕妈妈共同努力，创造的不仅仅是一个宝宝，还是一个新家庭。

无论准爸爸之前有没有专门做过家务，但从计划怀孕后，平时的家务，就应该多分担一些。首先拿起围裙，开始做菜吧。多学几道拿手菜，或者按照妻子的口味烹调。准爸爸还要提醒孕妈妈每日要服用叶酸，陪孕妈妈一起吃对身体有好处的食品。

准爸爸每天除了和孕妈妈聊天交流外，在休息的时间里，还要和孕妈妈一起散散步，或是陪孕妈妈一起做她喜欢做的事情，总之，从现在开始，多花些时间陪在孕妈妈的身边吧。

营养食谱

三鲜笋丝

原料： 冬笋250克，香菇、里脊肉各50克，火腿15克，青菜80克，葱、姜各少许

调料： 食用油、食盐、鸡精、鸡油各5克

做法

1. 将冬笋、香菇、里脊肉、火腿、葱、姜均洗净切成细丝；

2. 净锅上火，放入适量水、食盐、鸡精烧开，下青菜汆熟，捞出垫在盘底中，再放入冬笋丝、肉丝、香菇丝、火腿丝煮熟捞出，放入小碗里扣在盘中；

3. 净锅再放入少许水、食盐、鸡精、鸡油烧开，浇在笋丝上面，然后放上葱丝、姜丝，最后淋上热食用油即可。

第4周——悄悄地来了

准妈妈：亲爱的宝贝你终于来了吗？妈妈只要想到你将神奇地成长在我的肚子里，就感到无限喜悦。妈妈会努力给你提供所需的营养和环境，让你无忧无虑地成长。宝宝，我们一起加油！

胎宝宝：妈妈，我已经游进了你的子宫，开始着床了。我的神经管会慢慢开始形成，现在，我还只有约4毫米，你对我还毫无感觉。

孕妈妈的健康生活

◆远离药物和一切不利因素，以免因初次怀孕不了解身体的反应，误食药物或者疏忽了生活上的细节，导致对胎儿和母体产生不良的影响。

◆当感觉身体不适时，不要勉强做剧烈的运动，或在此时远游，过度运动可导致一部分人阴道流血，甚至流产。不要接触有毒物质，如烫发、染发等。

◆在这个阶段孕妈妈要特别注意自己的衣着起居，特别是在冬、春季节等流感高发期。不要到影剧院、商场等人多的公共场所，以免患上流感影响胎儿的发育等。此外，还要注意室内经常开窗通风，保持空气的新鲜。

欣赏吧

这幅《向日葵》是梵·高在自己绘画成熟期的作品，画面上朵朵葵花夸张的形体和激情四射的色彩，使人头晕目眩。他内心充满激情地去画那些面朝太阳而生的花朵，花蕊画得火红火红，就像一团炽热的火球；黄色的花瓣就像太

阳放射出耀眼的光芒一般，仿佛使其中的每一朵向日葵都获得了强烈的生命力。孕妈妈是否也希望自己的宝宝能像向日葵一样阳光、活泼、勇敢呢？

朗读吧

世间最伟大、最崇高的爱莫过于母爱了。人们从呱呱坠地开始，便沐浴在母爱的阳光下，它无声无息地渗透进生活的点点滴滴。它如同丝丝春雨，滋润着亿万儿女的心田。

如今，你也将从一个孩子成为一个母亲，同样承担起孕育新生命的责任。现在，就来感受一下古人对母亲所流露的真挚感情吧。

忆母

倪瑞璇（清）

河广难航莫我过，未知安否近如何。
暗中时滴思亲泪，只恐思儿泪更多！

这是首思念母亲的诗。大意是河太宽了很难航行，所以没能过来看母亲，不知道您最近是否平安。时常在私底下思念您，暗自流泪，但是，只怕您思念我时流的泪更多。

游子吟

孟郊（唐）

慈母手中线，游子身上衣。
临行密密缝，意恐迟迟归。
谁言寸草心，报得三春晖。

这是唐朝著名诗人孟郊的一首诗，大意为慈祥的母亲手里把着针线，为即将远游的孩子赶制新衣。临行时她忙着缝儿子远征的衣服，又担心孩子此去难得回归。谁能说像萱草的那点孝心，可报答春晖般的慈母恩惠？[寸草是指萱草（花），是中国传统的母亲花。]

墨萱图

王冕（元）

灿灿萱草花，罗生北堂下。
南风吹其心，摇摇为谁吐？
慈母倚门情，游子行路苦。
甘旨日以疏，音问日以阻。
举头望云林，愧听慧鸟语。

这首诗的大意是：灿灿的萱草花，生在北堂之下。南风吹着萱草（即母亲的心），摇摆着是为了谁吐露着芬芳？慈祥的母亲倚着门盼望着孩子，远行的游子是那样的苦啊！对双亲的奉养每天都在疏远，孩子的音讯每天都不能传到。抬头看着一片云林，听到慧鸟的叫声思念起来至此很是惭愧。

北堂即代表母亲之意。古时候当游子要远行时，就会先在北堂种萱草，希望母亲减轻对孩子的思念，忘却烦忧。

准爸爸的参与

怀孕后，孕妈妈容易出现情绪不好、精神疲倦、烦躁不安等反应，准爸爸应该了解相关知识，以便更好地照顾孕妈妈。确定怀孕后，准爸爸要比以前更加爱护妻子、体谅妻子，要注意做到以下几点：

1.保证妻子的营养供给。营养不良会影响胎儿的正常发育，因此，准爸爸要特别注意为孕妈妈安排好饮食，保证营养均衡及胚胎的正常发育。

2.不要抽烟喝酒，保持生活环境卫生，尽量避免性生活，以免给妻子和胎儿造成伤害。

3.保持开朗愉悦的心态，陪伴准妈妈就诊，参与每一项孕检过程。

4.帮助妻子做好情绪胎教。丈夫在情绪胎教中有着义不容辞的责任，应多陪妻子到幽静的地方散步，给妻子看些描述天伦之乐的图书，与妻子适度地开开玩笑，或是陪妻子观看令人开心的影视剧，让妻子与久别的亲人重逢，让妻子参与社交活动，陪妻子做短途旅游等。

总之，要让妻子的情绪始终保持平和、愉悦的状态，从而保证胎儿在母体内健康成长，这可是准爸爸的一项重要任务哦。

营养食谱

酿豆腐

原料： 嫩豆腐350克，猪肉200克，鲜虾80克

调料： 食盐、生抽、白糖、淀粉、鸡精、鸡蛋清、葱花各适量

做法

1. 将嫩豆腐洗净，切成大小适中的块，再将豆腐块中间挖空（不要挖穿）；

2. 将猪肉洗净，加入鸡精、食盐、白糖、鸡蛋清、淀粉搅匀成馅，酿入挖空的豆腐中；

3. 鲜虾去壳和泥肠洗净，一剖两半，放入肉馅上，再淋入生抽，撒上葱花，入锅中蒸至肉熟即可。

第5周——你的外形酷似海马

准妈妈：宝宝，妈妈最近有了好像感冒一样的反应，嗜睡、精神倦怠，甚至还有隐隐的恶心感，可是妈妈知道这不是感冒，这是你在提醒妈妈你已经到来啦。虽然有这些个不良的反应，可是确认了你的到来，妈妈心里还是非常非常高兴的！

胎宝宝：妈妈，我现在头部开始迅速发育，神经管的上段将形成大脑。胚盘分化出的三胚层中，每一个胚层都分化为不同的组织。这个时期，神经系统和循环系统的基础组织最先开始分化，不过，我还非常非常瘦小，大约长6毫米，如果可以看到的话，会发现我的外形酷似海马。

孕妈妈的健康生活

◆选择一所你所信赖的、口碑较好的医院，开始产前保健。

◆少到或不到人多的公共场合，尽量避免患上传染病，以免对胎儿发育产生影响。

◆怀孕初期会出现恶心、呕吐等妊娠反应，要放松精神，不要给自己太大的压力。准备塑料袋，以备呕吐时急用。

◆要注意补充水分，多喝白开水。上班前别忘了在包里带上点水果。有条件的话，也可以带些可口的饭菜作为工作午餐。

◆注意营养，适量补充优质蛋白质。

◆由于妊娠反应和体质的变化，孕妈妈也许会感到心情焦躁，要注意控制情绪，可以听听音乐、做做深呼吸。

◆整理居室环境，把可能绊脚的物品重新归置，将常用物品放在方便取放的地方，在卫生间及其他易滑倒的地方加放防滑垫，避免可能的意外发生。

为孕妈妈创造适宜的休养环境

在孕期生活中，有一半以上的时间是在家庭中度过的，所以要为孕妈妈创造一个优雅适宜的休养场所。居室内的环境要整洁舒适，空气新鲜，杜绝污染，避免干扰。家具的布置、装饰品的陈设等都应符合胎教环境要求。居室整体色彩应以淡雅宜人为宜，房间内可挂上几张活泼可爱的娃

娃画像，还可根据住房情况选择几幅风景画或书法作品悬挂于室内。室内还可养几条金鱼，或摆几盆花、盆景，这样一个优美恬静的休息环境，将使孕妈妈情绪稳定，精神愉快，会产生意想不到的胎教作用。

准爸爸除了主动承担家务劳动，体贴关爱妻子，还要丰富孕妈妈的业余生活。和谐乐观的家庭氛围是胎儿健康发育的基础。处于爱的温暖氛围中的孕妈妈才会充满幸福愉悦的感觉，胎儿在这种快乐轻松的环境中才能获得良好的心灵感受。

听音乐吧

现在来听一首舒曼的钢琴曲《梦幻曲》吧，这是一首描绘对童年美好回忆的作品，有着宽广如歌的旋律和诗一般的意境，尤其适合在怀孕早期听。因孕早期胎儿对声音的刺激尚不敏感，也不能受强声刺激，故孕妈妈最好听一些旋律舒缓、轻柔的音乐。

《梦幻曲》整个旋律起伏匀称，渗透着宁静的冥想色彩，弥漫着温馨、幽静的气息，有着梦境中轻柔缥缈、朦胧变幻的感觉。欣赏此钢琴曲，能带给孕妈妈如梦如幻的美好感受。

讲故事吧

胎宝宝并不是一个无感觉的物质，而是一个有各种感觉的、鲜活的生命，他的感觉经过不断的外界良性刺激会得到更好的发展。现在，孕妈妈给宝宝讲一讲下面这个小故事吧。

狼和七只小羊

羊妈妈要出门，让孩子们当心森林里的狼。

一会儿，狼来了，它用沙哑的声音喊道："小羊乖乖，把门开开，妈妈回来了。"

七只小羊一起说："你不是我们的妈妈，你的声音太粗。"

过了一会儿，狼又来了，它用细细的声音叫道："小羊乖乖，把门开开，妈妈回来了。"

聪明的小羊看到窗上狼的黑爪子，一起说："你不是我们的妈妈，你的爪子太黑。"

狼没有办法，灰溜溜地走了。

散步吧

散步是孕妈妈最好的运动方式，也是最基本、最简单的运动方式。户外散步不但有利于孕妈妈的身心健康，也使胎宝宝通过妈妈的眼睛去认识这个世界，去感知这个世界上美妙的一切。同时，散步时，胎宝宝可以通过孕妈妈的眼睛和手，认识到什么是树，什么是小草，什么是天空中飞过去的小鸟，什么是路旁驶过的车等。孕妈妈将自己看到的、听到的一一讲给胎宝宝听，这对宝宝的大脑发育有很好的促进作用。

散步的最佳时间是在上午10点～下午2点左右，当然，如果孕妈妈要上班，午饭后或晚饭后也可以。宜选择在空气清新的绿地、公园等处，时间和距离以自己的感觉来调整，以不觉劳累为宜。散步不宜走太快，以免造成疲劳或对身体震动太大而影响胎儿。

准爸爸的参与

此周，准爸爸应关心妻子是否怀孕了，此时准爸爸需要异常细心，时常关注妻子的表现，并提醒她多加留意自己身体的变化，必要时再安排妻子验孕。

首先，准爸爸应该要清楚妻子的例假周期，其次要看看她近日的日常饮食、生活作息有没有变化。当发觉妻子有初步的早孕反应，或者例假过了一周还没来时，就要想到她可能是怀孕了。但是，女性的生理周期不尽相同，有的女性的生理周期要长些，可以等一等再考虑验孕。

验孕方法很简单，在普通药店就能买到早孕试纸。可用此种试纸测试尿液，最好是早上的第一次尿液，如试纸上出现两条红线，就预示着可能怀孕了。当然，也可去医院检验以确定是否怀孕。

营养食谱

什锦青豆

原料：青豆、新鲜玉米粒各200克，红椒半个，胡萝卜、鲜百合各50克

调料：食用油、食盐、水淀粉、香油、鸡精各少许

做法

1. 将青豆、玉米粒分别洗净，入沸水中焯烫一会；

2. 红椒洗净切成片，胡萝卜去皮切片，鲜百合去杂质洗净；

3. 锅中放油烧热，下入青豆、玉米粒、胡萝卜片翻炒匀，加入红椒片、百合，中火炒至熟后加食盐调味，再用水淀粉勾少许芡，最后加入鸡精，滴入香油即可。

第6周——宝宝有心跳了

准妈妈：宝宝，最近妈妈身体持续出现慵懒发热，食欲下降，恶心呕吐，甚至情绪不稳，常常想要发脾气，这样可不好，妈妈的情绪会影响到你，来来，我们一起来读读优美的散文，听听美妙的音乐吧！

胎宝宝：妈妈，我现在长得可快了，心脏已经开始搏动，也有血液在细小的血管里面流动了。上周发育的神经管这周已经连接了大脑和脊髓，消化管道开始形成，胃及胸部正在发育。妈妈，看到我这么健康地成长，你高兴吗？

孕妈妈的健康生活

◆夫妻二人均应禁抽烟喝酒，烟雾中含有一些致畸物质，如尼古丁、焦油、辐射物和多环烃类，容易使胎儿畸形或造成流产。妻子和吸烟的丈夫在一起，她会吸入飘浮在空气中的焦油和尼古丁，同本人吸烟一样有危害。孕妈妈饮酒过度，流产、早产、死胎的发生率明显高于常人。

◆因为怀孕，孕妈妈身体会发生一系列变化，也会感到烦躁，而且情绪波动激烈，孕妈妈要学会缓解及宽慰。导致胚胎的发育异常和新生儿腭裂或唇裂的原因之一，就是孕妈妈长期情绪过度不安或焦虑。因此，一定要保持心情愉快。

◆此时期是宝宝各器官分化发育的时期，许多导致畸形的因素都非常活跃，而且此时也容易发生流产，所以更要注意自己的生活环境和饮食起居，应避免搬运重物或做剧烈运动，而且做家务与外出次数也应尽可能减少。

◆要避免疲劳，有足够的休息和睡眠，性生活要有节制。

孕妈妈的营养胎教

美国的一项研究显示：准妈妈在孕期的饮食偏好会直接影响到孩子出生后的口味选择，胎儿能通过子宫"品尝"到食物的味道，而且他们还对此有超强的记忆力。也就是说，通过在子宫内的"品尝"，胎儿熟悉妈妈曾吃过的食物的味道。

营养胎教的目的，不仅仅是保证准妈妈孕期健康，让宝宝顺利成长，最关键的也是给胎儿做一个"好榜样"。

为了宝宝的健康，建议准妈妈在饮食方面做到以下

几点：

多吃新鲜水果和蔬菜。蔬果中含有丰富的叶酸和B族维生素，对胎儿神经系统的发育有着重要作用。

多吃粗粮。虽然粗粮口感不如细粮，但是，粗粮中所含的各种微量元素是准妈妈此时最需要的。

适量摄入脂肪。脂肪是爱美女性的天敌，可对于准妈妈来说，宝宝的健康成长和大脑发育都离不开它的参与，建议尽可能食用有利于健康的脂类食品，如豆油、花生油、橄榄油等。

讲故事吧

今天，孕妈妈就为宝宝讲一个《井底之蛙》的故事吧。

有一只青蛙长年住在一口枯井里。它对自己生活的小天地满意极了，一有机会就要当众吹嘘一番。有一天，它吃饱了饭，蹲在井栏上正闲得无聊，忽然看见不远处有一只大海龟在散步。青蛙赶紧扯开嗓门喊了起来："喂，海龟兄，请过来，快请过来！"海龟爬到枯井旁边。青蛙立刻打开了话匣子："今天算你运气了，我让你开开眼界，参观一下我的居室。那简直是一座天堂。你大概从来也没有见过这样宽敞的住所吧？"海龟探头往井里瞅瞅，只见浅浅的井底积了一摊长满绿苔的泥水，还闻到一股扑鼻的臭味。海龟皱了皱眉头，赶紧缩回了脑袋。青蛙根本没有注意海龟的表情，挺着大肚子继续吹嘘："住在这儿，我舒服极了！傍晚可以跳到井栏上乘凉，深夜可以钻到井壁的窟窿里睡觉；泡在水里，让水浸着两腋，托住面颊，可以游泳；跳到泥里，让泥盖没脚背，埋住四足，可以打滚。那些小虫子、螃蟹、蝌蚪什么的，哪一个能比得上我呢！"青蛙越说越得意："瞧，这一坑水，这一口井，都属我一个人所有，我爱怎么样就怎么样。这样的乐趣可以算到顶了吧。海龟兄，你不想进来观光观光吗？"

海龟感到盛情难却，便爬向井口，可是左腿还没能全部伸进去，右腿的膝盖就被井栏卡住

了。海龟慢慢地退了回来，问青蛙："你听说过大海没有？"青蛙摇摆头。海龟说："大海水天茫茫，无边无际。用千里不能形容它的辽阔，用万丈不能表明它的深度。传说四千多年以前，大禹做国君的时候，十年九涝，海水没有加深；三千多年以前，商汤统治的年代，八年七旱，海水也不见减少。海是这样大，以至时间的长短、旱涝的变化都不能使它的水量发生明显的变化。青蛙弟，我就生活在大海中。你看，比起你这一眼枯井、一坑浅水来，哪个天地更开阔，哪个乐趣更大呢？"青蛙听傻了，鼓着眼睛，半天合不拢嘴，它这才知道自己生活的地方是多么渺小。

开动脑筋吧

"用进废退"是人身上很多脏器的规律，大脑也不例外。德国心理学家雷尔教授研究发现，如果度假的人缺乏心智活动，那么人脑部前叶神经细胞就会开始萎缩。

因此，在孕期，孕妈妈每天应做10分钟的脑力活动，让脑子活动起来，以保持敏捷的大脑思维，这对胎儿也有着积极的影响。下面孕妈妈就来玩玩数独游戏，其规则如下：

数独游戏在9×9的方格内进行，分为3×3的小方格，被称为"区"。

数独游戏首先从已经填入数字的格子开始，每个格子只允许有1个数字，最后保证每个区、每一列、每一行，都是1～9这9个数字，不能重复，即每个数字在每一行、每一列和每一区只能出现一次。

数独游戏一：

9	3		8		5	6	1	
	8	5	6	1			9	
	4	6			3	5		8
5			7		4	2		
			1	5		7	6	3
8		7	3		6		5	
2	9	1			7			5
		8	5	3	1	9		
	5					1	7	6

数独游戏二：

		4		1	2	3	8	5
3		9	4		7	6		1
5			6	3	8	2		
	4		5	8	6			3
9		6	1		3		7	
8			4			6		2
	6		2	7			3	
1	3	5		6			2	7
2				5	4	1		

营养食谱

百合虾仁

原料：鲜百合80克，鲜虾200克，青、红椒各半个

调料：食用油、淀粉、食盐、白醋、白糖、姜末各少许

做法

1. 将鲜虾去头、壳，挑去泥肠，洗净；

2. 鲜百合剥成单瓣洗净，青、红椒洗净切成块；

3. 锅中放油烧热，下入青、红椒块和百合翻炒，再放入虾仁、姜末，翻炒至虾仁变色，加入白醋、食盐、白糖，再用淀粉勾少许芡即可。

上页的数独游戏答案

答案一：

9	3	2	8	4	5	6	1	7
7	8	5	6	1	2	3	9	4
1	4	6	9	7	3	5	2	8
5	6	3	7	9	4	2	8	1
4	2	9	1	5	8	7	6	3
8	1	7	3	2	6	4	5	9
2	9	1	4	6	7	8	3	5
6	7	8	5	3	9	1	4	2
3	5	4	2	8	9	1	7	6

答案二：

6	9	4	7	1	2	3	8	5
3	2	8	9	4	5	7	6	1
5	7	1	6	3	8	2	4	9
7	4	2	5	8	6	9	1	3
9	5	6	1	2	3	8	7	4
8	1	3	4	9	7	6	5	2
4	6	9	2	7	1	5	3	8
1	3	5	8	6	9	4	2	7
2	8	7	3	5	4	1	9	6

第 **7** 周 ——形状像数字9的胎宝宝

准妈妈：宝宝，妈妈正在为保护你努力，看，我新买的防电脑辐射的衣服，看，我吃的都是有营养的食物，天天喝牛奶，吃水果，虽然有可能吃了就吐了，但一想到你还需要能量，妈妈就又有了吃的动力。宝宝，你喜欢香蕉还是草莓？

胎宝宝：报告妈妈，我现在有点像数字9，像颗豆子一样，长约12～25毫米，体重约4克。面部正在形成，两眼在头两侧，是两个黑点。妈妈，我和你一样喜欢吃草莓，呵呵，妈妈多吃点，让我快快长大！

孕妈妈的健康生活

◆这段时间是胎儿脑部及内脏的形成时期，不可接受X光检查，也不要随意服药，尤其要避免感冒。

◆如果家中有饲养猫、狗或小鸟等宠物，应尽量避免接触，以免感染弓形虫疾病。最好把这些宠物送给别人或暂时寄养在朋友家中。

◆这个时期最好能将分娩地点定下来。就诊的妇产科医院和医生关系着未来的定期检查及入院分娩，应慎重选择。

不要勉强进食

这段时间可能早孕反应一直伴随着孕妈妈，以致孕妇食欲不振，甚至时有呕吐。有人担心进食太少会对胎儿产生不良影响。但是，以往的病历显示，一般的早孕反应并不会对胎儿产生不良影响，孕早期胎儿虽然在发育，但此时所需的营养并不是太多，即使孕妇此时进食得不多，但对胎儿来说，短期内并不会造成营养不良的现象，所以孕妈妈不必担心，不要急切地勉强自己进食，这样对胎儿和孕妇都不好。

听音乐吧

《春江花月夜》是中国古典音乐名曲，是一首典雅优美的抒情乐曲，它宛如一幅山水画卷，把春天静谧的夜晚，月亮在东山升起，小舟在江面荡漾，花影在西岸轻轻摇曳的大自然迷人景色，一幕幕地展现在我们眼前。乐曲通过委婉质朴的旋律，流畅多变的节奏，巧妙细腻的配器，丝丝入扣的演奏，形象地描绘了月夜春江的美景，尽情赞颂了江南水乡的风姿异态。全曲就像一幅工笔精细、色彩柔和、清丽淡雅的山水长卷，引人入胜。

这首乐曲适合孕早期的孕妈妈，在心情烦躁的时候听听这首曲子，可以将自己融入到月夜春江的迷人景色中去，在这幅清丽淡雅的山水长卷中心旷神怡。这首曲子还可以调动孕妈妈的情绪，使之经过一天的劳累得到放松。

朗读吧

在欣赏名曲《春江花月夜》的同时，孕妈妈还可以朗读《春江花月夜》这首诗，这首诗是唐代诗人张若虚所作，词句优美，被称为是"孤篇盖全唐"的杰作。此诗36句，每4句一换韵，以富有生活气息的清丽之笔，创造性地再现了江南春夜的景色，如同月光照耀下的万里长江画卷。孕妈妈在朗读此诗时可以带着宝宝畅游在这美好的意境中。

春江潮水连海平，海上明月共潮生。
滟滟随波千万里，何处春江无月明。
江流宛转绕芳甸，月照花林皆似霰。
空里流霜不觉飞，汀上白沙看不见。
江天一色无纤尘，皎皎空中孤月轮。
江畔何人初见月？江月何年初照人？
人生代代无穷已，江月年年望相似。
不知江月待何人，但见长江送流水。
白云一片去悠悠，青枫浦上不胜愁。
谁家今夜扁舟子？何处相思明月楼？
可怜楼上月徘徊，应照离人妆镜台。
玉户帘中卷不去，捣衣砧上拂还来。
此时相望不相闻，愿逐月华流照君。
鸿雁长飞光不度，鱼龙潜跃水成文。
昨夜闲潭梦落花，可怜春半不还家。

江水流春去欲尽，江潭落月复西斜。
斜月沉沉藏海雾，碣石潇湘无限路。
不知乘月几人归，落月摇情满江树。

动动手吧

孕期的一些不适经常会干扰到孕妈妈，此时，孕妈妈可以分散一下注意力。找一块大一点儿的手绢，或是小方巾，叠一只可爱的小老鼠吧。

1. 准备一块正方形的手绢或方巾；

2. 将手绢沿对角线对折；

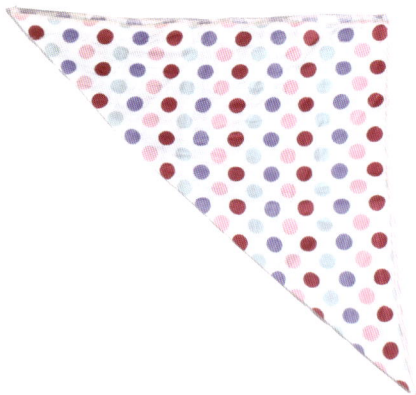

3. 将手绢的对角线两边的角对折，搭在一起；

4. 将手绢向上卷起1/3左右，翻过来；

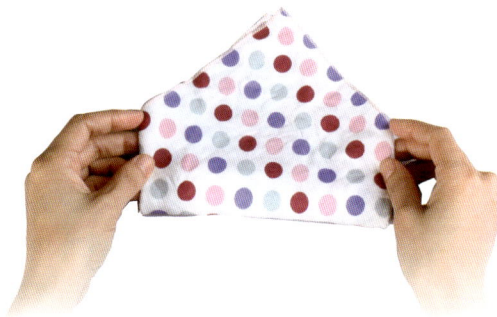

5. 将卷起的小筒的两端对叠；

6. 将手绢的顶部插入叠起的小筒下面，然后就有了一个小团；

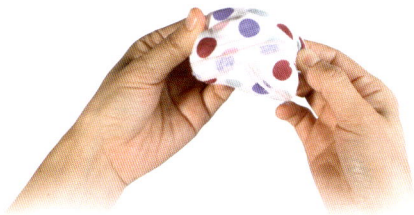

7. 将小团翻卷到底，直至显现出两个对角；

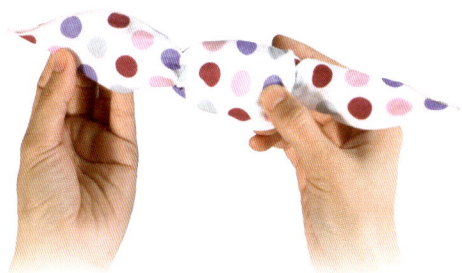

8. 将一个小角打个结，当头，另一个小角就是长长的尾巴，一个可爱的小老鼠就叠好了。

准爸爸的参与

此时多数孕妈妈都处在早孕反应时期，可能会有恶心、呕吐、不想进食等现象，此时还是胎儿

发育的关键时期，所以，准爸爸最好能下厨做饭。要注意选择做一些妻子喜欢的、能吃下的饭菜，要保证营养的供给，以备胎儿健康发育。尽量多准备几种小菜，供妻子任意选择。此外，准爸爸还要帮忙做家务活动，注意不要让妻子干体力活儿，要帮助妻子提重的物品，帮助妻子从高的地方拿东西或者放置东西、打扫浴室等，让妻子尽可能得到充分的休息。

营养食谱

金银水饺

原料： 小麦面粉、玉米面粉各150克，大白菜100克，猪肉馅150克

调料： 食盐、酱油、味精、香油各少许

做法

1. 大白菜洗净，加入少许食盐腌渍一会，挤去水，和猪肉馅一起装入碗中，加入食盐、酱油、味精、香油拌匀备用；

2. 玉米面粉加水揉成面团，揉匀搓成长条，揪成小面剂，擀成圆形薄皮，即成水饺皮，小麦面粉也依同样的方法擀成水饺皮；

3. 将两种饺子皮中分别加入适量拌好的肉馅，周围捏紧，一一包好后放入开水中煮熟即可。

第8周——复杂的器官都开始发育了

准妈妈：宝宝，这几周可是你发育的关键时期，妈妈会注意营养，你看，核桃、玉米、骨头汤、香喷喷的鱼、酸甜的西红柿，宝宝，你流口水没呢？

胎宝宝：妈妈，我现在专心长着小器官呢，每天身长就可以增加1毫米，如果用超声波检查，你可以清楚地听到我心脏跳动的声音哦。你看，我各个不同的器官开始忙碌地发育，牙和腭开始发育，耳朵也在继续成形，皮肤像纸一样薄，血管清晰可见。

孕妈妈的健康生活

◆这时期易产生恶心、呕吐等症状，饮食方面可以牛奶、豆浆、蛋羹、米粥、软饭、软面条为主。

◆目前这几周是胎儿发育的关键时期，维持胎儿生命的器官正在生长，所以更应注意营养。

◆孕妈妈运动要合理，不要参加举重、打篮球、打羽毛球、打乒乓球等运动，这些运动不但体力消耗大，而且伸背、弯腰、跳高等动作幅度太大，容易引起流产。

◆不要提举重物或长时间蹲着、站着或弯着腰劳动。这样过重的活动会压迫腹部或引起过度劳累，易造成流产或早产。

编织艺术

妊娠期间，孕妈妈勤于编织，所生出的宝宝也会心灵手巧。因为孕妈妈在编织过程中通过手指的动作可以促进大脑皮层相应部位的生理活动，从而提高人的思维能力。同时，在编织时，孕妈妈的心情也会得到放松。那么孕妈妈应该编织些什么呢？

孕妈妈可以为初生的宝宝编织一些颜色鲜艳的挂饰，挂在宝宝的床头，既温暖又可爱。也可以编织一

个宝宝或准爸爸的衣物，还可以尝试一下绣花，这些过程都是心、眼、手的锻炼过程。

如果孕妈妈之前从未接触过编织也没有关系，市场上有一些编织器售卖，可以帮助不会手工编织的孕妈妈解决问题。

欣赏吧

《洗浴》是玛丽·卡萨特的一个关于母亲的作品，画家将孩子与母亲的身子和手臂拉得很长，让其在画面上伸展开来，并运用俯瞰的方法，使背景色彩的分布划分为上下两部分，花纹墙纸的赭色与地面地毯图案的红棕色，通过母亲的条纹服装衔接起来，使色调在表现情绪中融为一体。画家运用这种形式、色彩的目的，是刻画母女之爱，特别是着力于刻画女孩的可爱、母亲亲昵的动作，从而加深对母爱主题的烘托。

开动脑筋吧

　　孕妈妈与胎宝宝之间是有信息传递的，所以，孕期内，孕妈妈多动动脑也是一种很好的胎教，这对胎儿大脑发育有很好的帮助，可使胎宝宝不断接受刺激，让大脑神经核细胞的发育得到促进。不仅如此，孕妈妈也会因为转移目标而使心情得到很好的改善。

　　如何让自己的脑筋转起来呢？其实方法很简单，比如，做做脑筋急转弯。下面就为孕妈妈提供一些实例。

1. 全世界最大的番薯长在哪里？
2. 校有校规，班有班规，动物园有什么？
3. 你爸爸的妈妈的妹妹的女儿的叔叔是你的什么关系？
4. 从小学到大学要念多久？
5. 为什么胖的人比瘦的人怕热？
6. 身穿着金色衣服的人（猜四字成语）？
7. 一条狗过了木桥之后就不叫了（猜四字成语）？
8. 手机不可以掉到马桶里弄湿（猜四字成语）？
9. 用猪肝和熊胆做成的神奇肥皂（猜四字成语）？
10. 在路上，它翻了一个跟斗，接着又翻了一次（猜四字成语）？
11. 服装仪容检查时，明明有理头发，为什么教官不信？
12. 全世界最大的公鸡是从哪里来的？
13. 偷什么不犯法？
14. 司机进汽车后第一件事是什么？

　　答案：1.土里。2.乌龟。3.亲戚关系。4.不到3秒，不信再念一次：小学到大学。5.因为被晒的面积比较大。6.一鸣惊人（一名金人）。7.过目不忘（过木不汪）。8.机不可失（机不可湿）。9.肝胆相照（肝胆香皂）。10.三番两次。11.秀才遇到兵，"有理"说不清。12.蛋里。13.偷笑。 14.坐下。

唱歌吧

　　大家对《小燕子》这首儿歌是再熟悉不过了，想必胎宝宝也会喜欢呢！现在，孕妈妈就用快乐的歌声唱给宝宝听吧！

小燕子，穿花衣
年年春天到这里
我问燕子你为啥来
燕子说
这里的春天最美丽

小燕子，告诉你

今年这里更美丽

我们盖起来了大工厂

装上了新机器

欢迎你

长期住在这里

准爸爸的参与

在孕妈妈早孕反应发生时，准爸爸要想方设法缓解孕妈妈的不适，并尽可能调动孕妈妈的愉悦情绪，比如同孕妈妈一起想象胎儿的情况，描绘宝宝的样貌，想象他活泼、健康、漂亮的样子等。这不仅能增进与胎儿之间的感情，也能使孕妈妈的心情感觉到愉快。

准爸爸除了在生活中一如既往地关爱孕妈妈，还要帮助孕妈妈一起创造良好的胎教环境。应经常陪同孕妈妈到空气清新的大自然中去散步，多让孕妈妈看一些激发母子感情的书刊或电影电视，引导孕妈妈爱护胎儿，或给孕妈妈朗读一些优美的文章，唱一曲动听的歌等。准爸爸要积极参与，和孕妈妈一起守护小天使。

营养食谱

板栗鸡翅

原料： 板栗250克，鸡翅300克，姜片、蒜片各10克

调料： 食用油、食盐、料酒、酱油、水淀粉、醋、味精各适量

做法

1. 板栗洗净，入锅中煮3分钟，捞出去壳；

2. 鸡翅洗净，剁成块，加入姜片、蒜片、料酒、酱油腌渍20分钟；

3. 锅中放油烧热，爆香蒜片，加入鸡翅翻炒2分钟，倒入板栗肉，一同炒匀后加适量水，炖煮至鸡翅、板栗熟软，加入醋、食盐、味精，用大火收汁后用水淀粉勾芡即可。

第 **9** 周——初具人形的胎宝宝

准妈妈：宝宝，妈妈现在每天一觉醒来第一个想到的就是你，然后就会不自觉地摸摸你，虽然你还太小，妈妈根本摸不到，不过只要想到你正在妈妈肚子里一天天成长，想到离我们见面又近了一天，所有的不适和烦恼都会消失不见。

胎宝宝：妈妈，告诉你一个好消息，我现在的样子已经初具人形了，虽然头部仍然比较大，但小尾巴不见了，四肢生长迅速，手指和脚趾基本发育完毕，你可以看见我的小肩膀了哦。所有的器官、肌肉、神经都开始工作，颚和鼻子都已经成形。

孕妈妈的健康生活

◆应开始接受初次产前检查，建立孕妈妈保健卡，接受医生指导，以后按医生要求做定期检查。

◆千万不要提重物，不要长时间站立或蹲下，并且避免从事可能会使身体受到震动和冲击的工作。

◆保证充足的睡眠，可以在中午安排一个短暂的午睡。

◆空腹容易加重妊娠反应，上班时带些小食品，在不影响工作的情况下，随时吃一点。

◆多和同事聊聊天，取得理解和帮助，工作上千万不要勉强。

◆如果小便次数增加，不要不好意思，孕期随时排净小便很重要。

◆远离电磁辐射，减少危害。

唱歌吧

大自然是什么样子的呢？为什么有时候寒冷，有时候炎热呢？孕妈妈此时可以将关于四季的童谣唱给宝宝听，让宝宝对四季有一个初步的印象。

一

春天到　春天到，
田野青青牛羊跑。
春天到　春天到，
山坡青青花朵笑。
杨柳青青小鸟跳呀，
河水青青船儿漂。
春天到　春天到，
春天到　春天到，
春天的宝宝又长高。

夏天到　夏天到，
天上打雷下冰雹。
夏天到　夏天到，
大槐树上知了叫。
爸爸的啤酒冒白泡呀，
奶奶的扇子摇呀摇。
夏天到　夏天到，
夏天到　夏天到，
夏天的宝宝睡不好。

秋天到　秋天到，
蓝天白云风景好。
秋天到　秋天到，
坐在河边把鱼钓。
大雁排队向南飞呀，

放个风筝跟着跑。
秋天到　秋天到，
秋天到　秋天到，
秋天的宝宝蹦蹦跳。

冬天到　冬天到，
赶快穿上厚棉袄。
冬天到　冬天到，
跑出门外凑热闹。
捂着耳朵放鞭炮呀，
蘸着雪花吃年糕。
冬天到　冬天到，
冬天到　冬天到，
冬天里唱起四季谣。

二

春风暖，布谷叫，小苗出土咧嘴笑；
夏天热，蝉儿叫，荷花出水咧嘴笑；
秋天凉，雁儿叫，颗颗棉桃咧嘴笑；
冬季里，雪花飘，朵朵梅花咧嘴笑；

过新年，放鞭炮，小朋友们咧嘴笑。

三

春天里，东风多，
小燕子，搭新窝。
夏天里，南风热，
红太阳，像团火。
秋天里，西风吹，
大雁飞，黄叶飘。
冬天里，北风刮，
小雪花，纷纷下。

欣赏吧

王羲之是东晋最杰出的书法家，官至右军将军，所以历来被人称为"王右军"。他7岁开始学书法，先后从师于出身书法世家的卫夫人和叔父王，以后又博览了秦汉以来篆隶大师淳古之迹，精研体势，广采众长，冶于一炉，创造出"天质自然，丰神盖代"的行书，被后人誉为"书圣"。今天就来欣赏一下王羲之的书法作品。

孕妈妈欣赏书法作品时，一定要自己先感知其中的美好，然后用眼睛将书法的影像"拍"下来，默默地在脑海中重现，胎宝宝就可以感受到了。

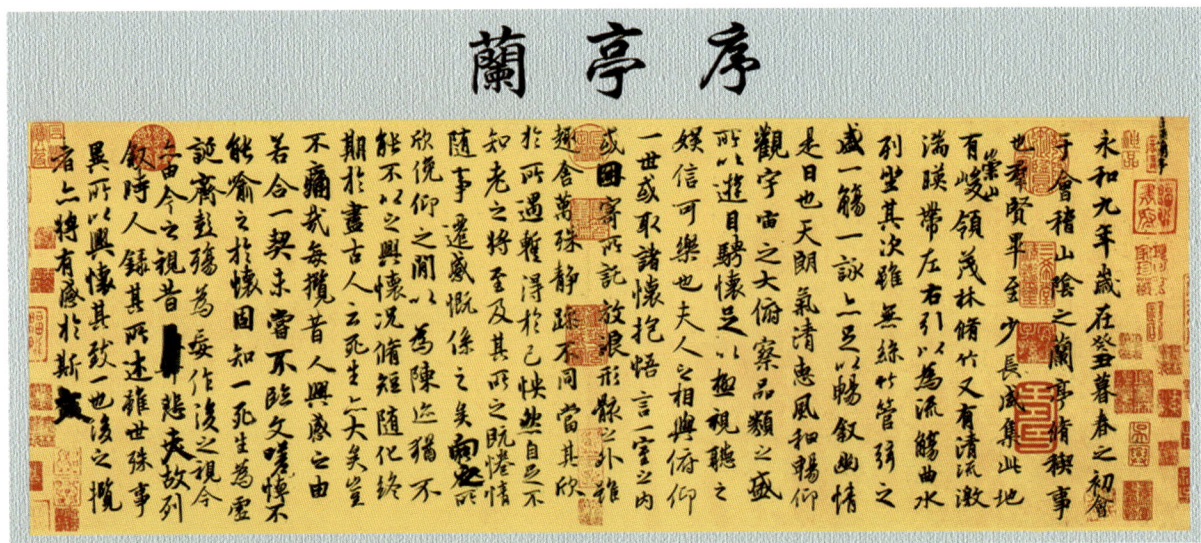

孕妈妈的情绪胎教很重要

准妈妈必须拥有平稳、乐观、温和的心境，才能使胎儿的身心健康发展。但是，世界上的事情总是不尽人意，许多事都会左右准妈妈的心情，如工作中的矛盾、生活中的烦恼、怀孕反应、身体的疲劳等，或者不可抑制的担心、害怕胎儿后天畸形或残疾。再加上怀孕期间内分泌的改变，这一切，都会使孕妇易于冲动、爱发脾气，这对于胎教来说是十分不利的。孕妇应该学会改变不良情绪，当心情不好的时候，要及早发现，并通过各种方法控制不良情绪，改善心情。怎样才能做到这一点呢？以下几种方法，孕妇可以用一下：

告诫法。心情不好的时候，要经常这样告诫自己：不要生气（或伤心、发火、着急），会影响宝宝的。

转移法。消除烦恼的最好办法就是离开那种不愉快的情境，换一个地方，做一些自己喜欢的事情，如听欢快的音乐、看喜剧、散步等，都会使不良情绪转向宁静或欢乐的好情绪。

释放法。这种方法就是把烦恼释放出去，比如可以写日记、写信，或找好朋友诉说一番，都会把不良情绪释放出去，从而改善心情。

社交法。情绪胎教也是一种交流胎教，孕妇应该多交朋友，在乐观向上的人群中，多交谈，可以使情绪得到积极的感染，让不良情绪远离自己。

建立自信。如果没有特殊情况，孕妇不要整天忧心忡忡，担心孩子会发育不好、畸形或残疾，更不要把这样的不良想象和担心扩大化，甚至把它变成语言，无休止地咨询、传递。最好的方式是做好产前检查，配合医生使用现代仪器，了解胎儿状况。

准爸爸的参与

怀孕第3个月时孕妈妈的妊娠反应可能加重，准爸爸应担负起为父为夫的责任，如陪妻子去医院检查，为妻子做一些有助治疗和改善呕吐症状的饭菜，给妻子买回一些平时爱吃的小食品等。最重要的是不能在妻子旁边抽烟，戒烟是最好的，但如果很难的话，至少不要在室内吸烟。

此外，丈夫还要做到对妻子加倍爱护，经常与妻子一起畅谈家庭的未来发展计划以及孩子的培养目标，共同进行胎教活动。还要特别注意自己的言谈举止，更不能对妻子的呕吐表现出厌烦、嫌脏的情绪，要一如既往地照顾疼爱妻子。

营养食谱

大拌菜

原料： 生菜、彩椒、圣女果、紫甘蓝、熟花生米、紫背菜、苦苣各100克

调料： 食盐、白糖、醋各适量

做法

1. 将紫甘蓝、生菜、彩椒、圣女果、苦苣分别洗净，再入凉开水中浸泡5分钟；
2. 捞出后将紫甘蓝、生菜、彩椒切成小块，圣女果一剖两半；
3. 将彩椒块、生菜块、圣女果、紫甘蓝块、紫背菜、苦苣、熟花生米全部放入一大碗中，加入调料拌匀即可食用。

第 10 周 ——可以看见胎宝宝清晰的面部了

准妈妈： 宝宝，起床啦，我们一起去上班，看看，为了你，妈妈还带了水果和饼干哦，工作间隙吃一点，可不能饿着我亲爱的小宝贝啊。宝宝，我现在不是一个人，我们一起睡觉，一起散步，一起看风景，这种时时刻刻在一起的感觉真好！

胎宝宝： 妈妈，此时我的大脑已经形成，面部基本发育完全，你可以看见我清晰的面部，如眼睛、鼻子。神经系统也开始有了反应，许多内脏器官开始发挥作用，心脏已经发育完全，每分钟搏动140次，肺、胃和肠道继续发育，生殖器已经开始发育，但是你还不能分辨我是男还是女。

孕妈妈的健康生活

◆怀孕前3个月是流产的高发期，由于胎盘尚未完全形成，胎儿与妈妈的联系还不是特别牢固，所以这时期在生活细节上尤其要留意小心。

◆服用药物应得到医生的同意，在医生指导下使用。

◆应停止激烈的体育运动、体力劳动，不宜搬运重物和长途旅行。上下楼梯要平稳，尤其应随时注意腹部不要受到压迫。

◆妊娠3月是早孕反应较为严重的时期，早孕反应严重的孕妈妈，尤其要注意加强钙和维生素D的补充。每天钙的需求量应在800毫克左右。多喝牛奶，可以消除水肿，防治妊娠高血压，并有益于胎儿骨骼的发育。

◆注意孕期口腔保健，保持口腔卫生，以防牙龈炎症的产生。坚持早晚刷牙，进餐或吃水果后要漱口，如有轻微牙病应坚持到产后再治疗。

新鲜空气与胎教

空气，是人类生存的必需条件之一。新鲜空气中氧气含量高，有害物质少，负离子浓度高，能有效提高人体血液中的含氧浓度，使人头脑清醒，有助于人体的健康，对孕妇自身的代谢及胎儿的生长发育来说，都有着很重要的作用。

科学证明，氧气对胎儿大脑发育有着至关重要的作用，孕妇应时刻注意保持卧室、家居中空气的清新，以利于胎儿大脑的健康发育。如果空气中的氧含量长期不足，人便会罹患各种疾病，胎儿则发育迟缓，出生时体重低于正常儿童，如果胎儿脑部缺氧则会产生一系列的后遗症。

如果孕妇发生一氧化碳中毒，哪怕时间很短暂，都会造成胎儿脑细胞受损、脑发育不良等严重后果。

听音乐吧

我们知道，不同类型的音乐能对人的心理行为产生不同的影响。具体到每一个胎儿，还应本着因材施教的原则，具体情况具体对待。对于那些胎动频繁的胎儿可侧重选一些缓慢、柔和的曲子；而对那些胎动比较弱的胎儿，则应侧重选择一些轻松活泼、节奏感强的乐曲。这周孕妈妈可以听一听贝多芬的《献给爱丽丝》。

《献给爱丽丝》是贝多芬中年时期为他所爱慕的女孩儿特蕾莎所创作的。这个曲子基于一个纯朴而亲切的主题，这个主题把特蕾莎温柔、美丽的形象作了概括的描绘。它在这支曲子里先后出现了16次，因此，给人以极为深刻的印象。好似贝多芬有许多亲切的话语正向特蕾莎诉说。后半部分左右手交替演奏分解和弦，犹如二人亲切地交谈。

孕妈妈在听这首曲子时，可以在脑海中想象着一个美丽、单纯、活泼的少女，甜蜜且略带羞涩地倾听着美妙的乐章，眼神中透露出对弹奏者的仰慕与崇敬之情。

读书吧

《荷塘月色》是朱自清的散文。描绘的是优美月色中的荷塘景色。孕妈妈也可以在晚饭过后，和准爸爸一起去公园散步，欣赏美丽的月色。

曲曲折折的荷塘上面，弥望的是田田的叶子。叶子出水很高，像亭亭的舞女的裙。层层的叶子中间，零星地点缀着些白花，有袅娜地开着的，有羞涩地打着朵儿的；正如一粒粒的明珠，又如碧天里的星星，又如刚出浴的美人。微风过处，送来缕缕清香，仿佛远处高楼上渺茫的歌声似的。这时候叶子与花也有一丝的颤动，像闪电般，霎时传过荷塘的那边去了。叶子本是肩并肩密密地挨着，这便宛然有了一道凝碧的波痕。叶子底下是脉脉的流水，遮住了，不能见一些颜色；而叶子却更见风致了。

月光如流水一般，静静地泻在这一片叶子和花上。薄薄的青雾浮起在荷塘里。叶子和花仿佛在牛乳中洗过一样；又像笼着轻纱的梦。虽然是满月，天上却有一层淡淡的云，所以不能朗照；但我以为这恰是到了好处酣眠固不可少，小睡也别有风味的。月光是隔了树照过来的，高处丛生的灌木，落下参差斑驳的黑影，峭楞楞如鬼一般；弯弯的杨柳的稀疏的倩影，却又像是画在荷叶上。塘中的月色并不均匀；但光与影有着和谐的旋律，如梵阿玲上奏着的名曲。

荷塘的四面，远远近近，高高低低都是树，而杨柳最多。这些树将一片荷塘重重围住；只在小路一旁，漏着几段空隙，像是特为月光留下的。树色一例是阴阴的，乍看像一团烟雾；但杨柳的丰姿，便在烟雾里也辨得出。树梢上隐隐约约的是一带远山，只有些大意罢了。树缝里也漏着一两点路灯光，没精打采的，是渴睡人的眼。这时候最热闹的，要数树上的蝉声与水里的蛙声；但热闹是它们的，我什么也没有。

忽然想起采莲的事情来了。采莲是江南的旧俗，似乎很早就有，而六朝时为盛；从诗歌里可以约略知道。采莲的是少年的女子，她们是荡着小船，唱着艳歌去的。采莲人不用说很多，还有看采莲的人。那是一个热闹的季节，也是一个风流的季节。梁元帝《采莲赋》里说得好：

于是妖童媛女，荡舟心许；鹢首徐回，兼传羽杯；棹将移而藻挂，船欲动而萍开。尔其纤腰束素，迁延顾步；夏始春余，叶嫩花初，恐沾裳而浅笑，畏倾船而敛裾。

可见当时嬉游的光景了。这真是有趣的事，可惜我们现在早已无福消受了。

开动脑筋吧

谜语主要指事物或文字等供人猜测的隐语，也可引申为蕴含奥秘的事物。谜语源自中国古代民间，历经数千年的演变和发展，它是古代人集体智慧创造的文化产物。这些游戏可以帮助孕妈妈调适心情。等到4个月后，胎宝宝有了听力之后，孕妈妈还可以再翻回来，将这些好玩的谜语当做儿歌念给他听。

1. 姐妹一样长，结伴爱成双，酸甜和苦辣，两人都同尝。
2. 我有两口井，模样很难分，双腿探下去，正好齐腰深。
3. 远看山有色，近听水无声，春去花还在，人来鸟不惊。
4. 兄弟一般高，出门就赛跑，两个有差距，可又同时到。
5. 四眼像铜铃，四脚圆滚滚，腰间有嘴巴，专吃过路人。
6. 一间小房子，四面镶窗子，四个圆轮子，坐下站不下。
7. 小小木房站路旁，两边开着活门窗。要使街道干清洁，果皮纸屑往里装。
8. 身披一件大皮袄，山坡下面吃青草，为了别人穿得暖，宁肯脱下本人毛。
9. 像条带，一盘菜，下了水，跑得快。
10. 小小售货员，肩上不挑担，背上背着针，满地四周串。
11. 身穿黄色羽毛衫，绿树丛中常栖身，只因歌儿唱得好，博得很多表扬声。
12. 上搭棚，下搭棚，开黄花，结青龙。
13. 屋子方方，有门没窗，屋外热烘，屋里冰霜。
14. 身体长又长，开花黄又黄，面庞像太阳，子儿香又香。
15. 凸眼睛，阔嘴巴，尾巴要比身体大，碧绿水草渲染它，彷佛一朵大红花。

答案：1.筷子。2.裤子。3.画。4.自行车。5.公共汽车。6.小汽车。7.垃圾箱。8.绵羊。9.带鱼。10.刺猬。11.黄莺。12.丝瓜。13.冰箱。14.向日葵。15.金鱼。

动动手吧

折纸又称"工艺折纸"，是一种以纸张折成各种不同形状的艺术活动，是一种有益身心、开发智力和思维的活动。折纸不仅是种艺术，还是一种锻炼方法。折纸能锻炼人的综合协调能力，包括手、眼和大脑。比如学习折纸需要用眼睛看折叠的过程，并在看的同时思考，记住过程；在折的时候，你要亲自动手，其间遇到问题，还要仔细去想刚才别人是怎么叠的。这样就可以使你开动脑筋、活跃思维，从而达到手、眼、脑三位一体的综合协调。折纸并不仅仅限于单色或者双色，根据所需要表达的事物本身，可以使用色彩丰富的材料进行折纸。

妊娠期间，孕妈妈做一些简单的折纸工艺，不仅可以活跃思维，还可以让心情平静下来。

下面就来折一艘帆船吧。

材料准备：正方形纸一张

制作过程：

1. 将正方形纸张朝对角方向对折;

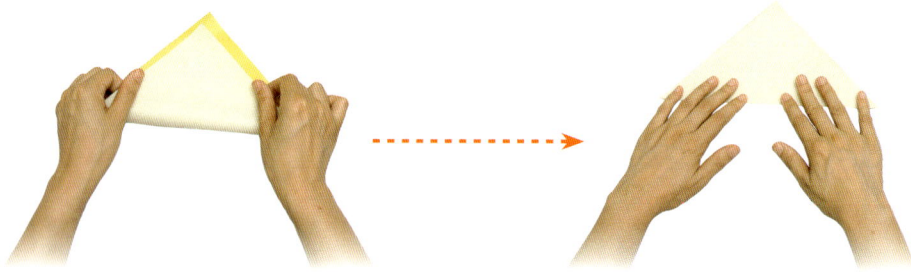

2. 将朝上的一面如下图所示向下折,翻过来将另一面也向下折;

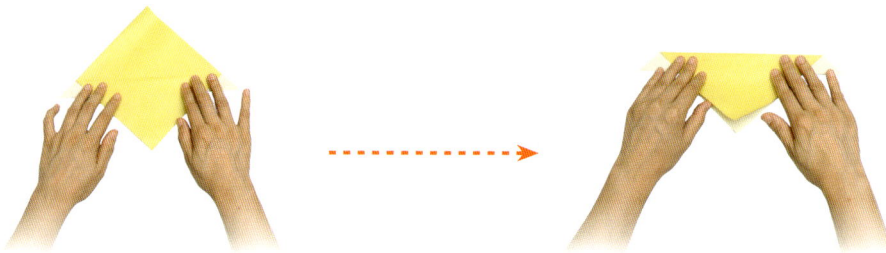

3. 将三角形朝上,向右对折;

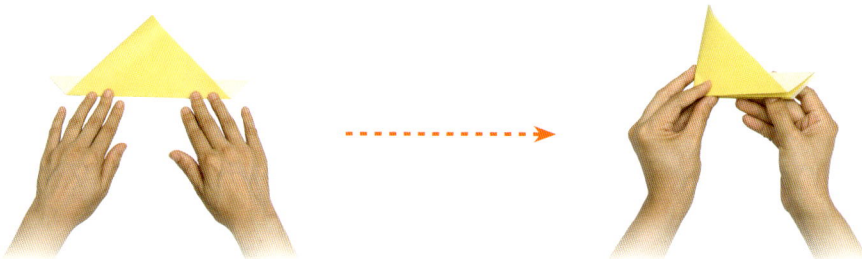

4. 将折痕压实;

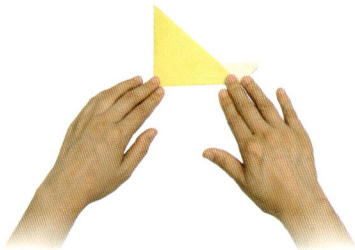

5. 将纸翻转使尖角朝左,将上面的纸在1/3处向右折;

6. 将这张翻转过来即成帆船了。

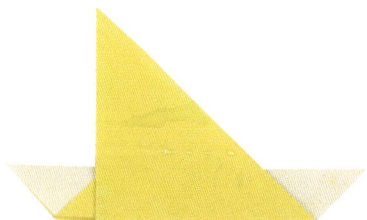

准爸爸的参与

　　这段时期是胎儿大脑发育的关键时期，因此，为孕妈妈提供充足的健脑食物，是十分必要的。准爸爸应注意多为孕妈妈选用一些健脑食物，如核桃、黑芝麻、黄花菜、小米、玉米、香菇、海产品等。为了让不喜欢吃饭的妻子能摄取到各种营养，有时需要在旁边劝食。孕妈妈也会出现一些违背常理的食欲要求，即异食现象，如吃臭鸡蛋、喜酸嗜辣等，如妻子的异食对身体和胎儿没有太大的危害，丈夫应该尽量满足妻子。有些妊娠反应严重的孕妈妈，不仅本人不能吃饭，而且连饭的味道都不能闻，这时丈夫可以寻找适合妻子妊娠期间的菜谱，或一起外出吃饭，这也是增进妻子食欲的好办法。

营养食谱

果味黄瓜条

原料： 黄瓜300克，苹果200克
调料： 白糖、蜂蜜各适量

做法

1. 黄瓜、苹果均洗净切条，码入盘中；
2. 白糖、蜂蜜拌匀成汁；
3. 再将蜂蜜白糖汁淋在黄瓜条、苹果条上即可。

第 11 周——欢乐地游荡在羊水里

准妈妈：宝宝，妈妈昨天做了一个梦，梦到你都会走了，我和爸爸带着你去划船，本来晴空万里、阳光灿烂的好天气，突然下起雨来了，可是没有带伞，我们三人被淋成落汤鸡啦，可是你却很高兴，在雨中跑着，还咯咯咯地笑呢。唉，宝宝，真希望你快快长大！

胎宝宝：妈妈，我现在可能只有你手掌一半大小，但我能在羊水里快乐地游泳呢！虽然我的小眼睛还没有睁开，但是我可以做吸吮、吞咽和打哈欠等动作哦。你放心，维持生命的器官如肝脏、肾、肠、大脑以及呼吸器官都已经开始工作了，看我多健康！

孕妈妈的健康生活

◆上班的职业妇女，应保持愉快的工作情绪，以免因心理负担过重、压力太大而影响胎儿的发育。

◆这个阶段最好不要行房，至少也需要节制，而且要避免压迫到腹部。

◆如果有下腹部疼痛和少量出血现象的话，要立即接受医生的检查。因为有流产和宫外孕的可能性，千万不可掉以轻心。

◆孕期应慎吃辛辣食物，多吃鱼和蔬菜。

◆孕早期不宜烫发和染发，应经常按摩头皮，护养头发。

◆不要穿紧身衣和紧口袜，衣物以宽松为宜，鞋子要松软，身体要保暖，内衣要选择棉质合身的。

孕妈妈的行为胎教

古人认为，胎儿在母体内就应该接受母亲言行的感化，因此要求孕妇清心养性、遵守礼仪、品行端正，给胎儿以良好的影响。

所以，准父母们一定不要忽视行为胎教，尤其是孕妇，自身的言行，会影响胎儿乃至孩子的一生。

对孕妈妈来说，培养良好的日常生活习惯，也是对胎儿进行行为胎教的方式。培养良好习惯要从如下点滴小事做起：

1.日常服饰要整洁，适合自己的身份和职业。

2.言谈举止要文明，尊重他人。

3.待人接物要诚恳有礼。

4.为人处世要磊落大方。

5.多一些怜悯、恻隐之心，少一些刁难、邪恶之意。

这既是一位女性良好精神修养的外在表现，也体现了一位现代女性应该具备的良好形象。孕妈妈要规范自己的言行，给胎儿作出榜样。

朗读吧

人间最美的是三月，因为初春开始万象更新。胎宝宝就是孕妈妈的三月，会带给你无尽的喜悦。下面这首诗的作者是艾米莉·狄金森，她的诗歌纯净如水，透亮地反射出人性的本真。

早晨，在清新的空气流淌进来的时候，孕妈妈不妨将这首美丽的诗读给自己和胎宝宝听。

亲爱的三月，请进

亲爱的三月，请进！
我是多么高兴，
一直期待你光临，
请摘下你的帽子。
你一定是走来的吧？
瞧你累得上气不接下气的。
亲爱的，别来无恙？
你来的时候，大自然可好？
哦，快随我上楼，
我有许多话要问你。
你的信我已收到，而鸟和枫树，
却不知你已在途中。

直到我宣告，他们的脸涨得多红啊。

可是，请原谅，你留下

帮我在那山山岭岭上涂抹色彩！

却没有适当的紫红可用，

你都带走了，一点不剩。

是谁敲门？准是四月。

把门锁紧，

我不爱让人纠缠，

他在别处呆了一年，

正当我有客，才来看我。

可是小事显得这样不足挂齿，

自从你一来到这里，

以至怪罪也像赞美一样亲切，

赞美也不过像怪罪。

讲故事吧

　　长长的"猴梯"、精灵的小猴子、栩栩如生的动物立体造型……这些景象孕妈妈一定还记得吧！这个故事出自唐代的《法苑珠林》，今天，孕妈妈就把这个《猴子捞月》的故事讲给胎宝宝听吧。

　　一群猴子在林子里玩耍，它们有的在树上蹦蹦跳跳，有的在地上打打闹闹，好不快活。它们中的一只小猴独自跑到林子旁边的一口井旁玩耍，它趴在井沿，往井里面一伸脖子，忽然大叫起来："不得了啦，不得了啦！月亮掉到井里去了！"原来，小猴看到井里有个月亮。

　　一只大猴听到叫声，跑到井边朝井里一看，也吃了一惊，跟着大叫起来："糟了，糟了，月亮掉到井里去啦！"它们的叫声惊动了猴群，老猴带着一大群猴子都朝井边跑来。当它们看到井里的月亮时，都一起惊叫起来："哎呀完了，哎呀完了！月亮真的掉到井里去了！"猴子们叽叽喳喳地叫着、闹着。最后，老猴说："大家别嚷嚷了，我们快想办法把月亮捞起来吧！"众猴响应老猴的建议，加入捞月的队伍中。

　　井旁边有一棵老槐树，老猴率先跳到树上，自己头朝下倒挂在树上，其他的猴子就依次一个一个你抱我的腿，我勾你的头，挂成一长条，头朝下一直深入井中。小猴子体轻，挂在最下边，它的手伸到井水中，都可以抓住月亮了。众猴想，这下我们总可以把月亮捞上来了。它们很是高兴。

　　小猴子将手伸到井水中，对着明晃晃的月亮一把抓起，可是除了抓住几滴水珠外，怎么也抓不到月亮。小猴这样不停地抓呀、捞呀，折腾了老半天，依然捞不着月亮。

倒挂了半天的猴子觉得很累，都有点支持不住了。有的开始埋怨说："快些捞呀，怎么还没捞起来呢？"有的叫着："妈呀，我挂不住啦！挂不住啦！"

老猴子也渐渐腰酸腿疼，它猛一抬头，忽然发现月亮依然在天上，于是它大声说："不用捞了，不用捞了，月亮还在天上呢！"

众猴都抬头朝天上看，月亮果真好端端在天上呢。

唱歌吧

孕妈妈可以给胎宝宝哼唱自己喜欢的歌曲，哼唱一些数字歌曲就很不错，不仅能进行音乐胎教，还能让胎宝宝领略数字的魅力。下面就来唱一唱这首儿歌。

拍手歌

你拍一，我拍一，一个小孩坐飞机。
你拍二，我拍二，两个小孩梳小辫。
你拍三，我拍三，三个小孩来搬砖。
你拍四，我拍四，四个小孩写大字。
你拍五，我拍五，五个小孩敲锣鼓。
你拍六，我拍六，六个小孩拣豆豆。
你拍七，我拍七，七个小孩穿新衣。
你拍八，我拍八，八个小孩吃西瓜。
你拍九，我拍九，九个小孩齐步走。
你拍十，我拍十，十个小孩在学习。

动动手吧

在进行手工作业时，手指上的神经会对脑部产生一定的刺激作用，所以一直以来，人们都非常注重让儿童参加动手活动。

绣十字绣不仅能锻炼手指，使脑部变得发达，还可以使孕妈妈的心情很快得以平静，对提高其集中注意力的能力也有一定的作用。另外，在一幅十字绣作品里往往要用到数十种颜色的丝

线，所以在一针一线的编织过程中，孕妈妈的色彩感和调和颜色的能力也不知不觉得到提高。孕妈妈若能在怀孕时多接触一些美丽的颜色和形状，将来生出的孩子也将拥有较高的审美能力。所以，孕妈妈在闲暇时间可以去商店买一些十字绣材料，选择一些自己喜欢的图案，将这幅十字绣作为送给胎宝宝的礼物。

但是，刺绣使人眼光和神经都集中在了针尖那一点上，所以很容易使人疲劳；另一方面，孕妈妈也不适合长久刺绣。所以，孕妈妈最好选择图案稍简单一点的作品，且把每次刺绣的时间控制在1个小时内。此外，在刺绣时一定不能有希望尽快结束的急切心态，最好在腰后垫一个垫子，在舒适的姿势下完成这项活动。

孕妈妈还可以在刺绣的同时与胎儿聊天，可以说一说正在为其制作的东西，比如枕头、围兜和儿童被等，也可以说对各种颜色的喜好，最好能在刺绣的同时达到胎教的效果。

准爸爸的参与

妊娠会使孕妈妈脸上产生蝶形色素沉着，腹部脂肪松弛，皮肤失去弹性，体态变得臃肿等，有些孕妈妈会产生"丑"的感觉，担心失去丈夫的宠爱。这时做丈夫的一定要细心，不能在妻子面前指出这些变化，用其他活动，如散步、听音乐、读书等分散妻子的注意力。

准爸爸还可以准备一些能有效缓解孕妈妈不安情绪的优美音乐、幽默相声、小品、故事CD或磁带、书籍、杂志等，以丰富妻子的业余生活。在节假日时，不妨带妻子一块儿到离家不远的亲朋好友家中串串门，聊聊家常，讨论各种有关怀孕的知识等。所有这些，对于稳定孕妈妈的情绪，保证胎儿健康成长都是十分必要的。

营养食谱

松子鳜鱼

原料：鳜鱼1条（约600克），熟松子仁20克，熟青豆30克，鸡蛋2个

调料：食用油适量，番茄沙司10克，白醋6毫升，白糖5克，生粉5克，黄酒、食盐、味精、胡椒粉各少许

做法

1. 将鳜鱼去鳞、鳃和内脏洗净，剖开后鱼皮朝下平卧砧板上，用刀斜剞成梭子形，加黄酒、食盐、味精、胡椒粉腌渍入味备用；

2. 将鸡蛋打成蛋液，腌好的鱼拖上蛋液，拍上生粉，入油锅中炸至外酥里嫩；

3. 锅留少许油，加少许清水，倒入番茄沙司、白醋、白糖调成酸甜味，加入熟青豆，勾芡后烧至熟，出锅浇在鱼身上，再撒上熟松子仁即可。

第 12 周——爱上运动的宝宝

准妈妈：亲爱的宝宝，妈妈今天去产检了，我听到你的心跳声啦，像刮风一样，呼呼的声音。那一刻，真让人激动，我真切地感受到了你的存在。回家就让你爸爸拿出字典，干什么？你妈妈我要给亲爱的宝宝起个响亮的名字！

胎宝宝：妈妈，我现在所有内脏器官均已形成，并且大部分开始工作，我现在会的动作可多了，脚趾能屈能伸，手指会握拳，还能皱眉、噘嘴以及张闭嘴巴，吸吮、吞咽羊水，还能排尿，我还会动呢，可惜妈妈你还感觉不到。

孕妈妈的健康生活

◆防止便秘，最好养成每日定时上厕所的习惯。

◆不宜长时间使用电扇和空调，预防感冒，下腹不可受寒，注意时时保暖。

◆不宜去人多的地方。

◆不熬夜，保持规律的生活习惯。

◆阴道分泌物增加，易滋生病菌，应该每天淋浴，以保持身体清洁。

◆采取各种方法排解不良情绪。

练习平衡

这周开始，孕妈妈的腹部会慢慢增大起来，为了提高孕妈妈支撑身体重心的能力，更为了防止失去平衡而发生的危险，所以，从此时开始，孕妈妈应该开始平衡练习。

孕妈妈在家练习平衡很简单，方

法是这样的：双手扶住一个牢固的支撑点，比如沙发的靠背、桌子等，向后抬起脚，再轻轻放下。

唱歌吧

这首《两只老虎》几乎是家喻户晓的经典儿歌，妈妈可以唱给胎宝宝听听。孕妈妈在唱这首歌的时候，可以模仿老虎的样子做相应的动作，让胎宝宝感受到老虎可爱的样子，体会到逗趣的心情。

两只老虎，两只老虎，
跑得快，跑得快，
一只没有眼睛，
一只没有尾巴，
真奇怪！
真奇怪！

欣赏吧

这幅《海棠玉兰图》选自意大利人郎世宁的《仙萼长春》册中之一开，图中玉兰、海棠花盛开，两只禽鸟栖于玉兰枝头，一上一下，一俯一仰，相互呼应，禽鸟情态形象逼真，海棠、玉兰造型准确，反映出画家写生功力的精湛。

现在请孕妈妈和正在腹中茁壮成长的胎宝宝一起享受这一幅美好的画面吧。

讲故事吧

"拔萝卜、拔萝卜，嘿呀嘿呀拔不动……"还记得儿时这首脍炙人口的儿歌吗？今天，孕妈妈就给宝宝讲一讲这个幽默的童话故事——《拔萝卜》吧。

一对老夫妇在地里种下了各种各样蔬菜的种子。夏天结束的时候，他们的园子里不仅结满了豌豆、胡萝卜、土豆和豆荚，还长出了一个巨大的萝卜。

有一天，老爷爷去拔这个萝卜，他拉住萝卜的叶子，用力地拔呀、拔呀，就是拔不出这个大萝卜。老爷爷喊："老奶奶，老奶奶，快来帮忙拔萝卜！"

"唉！来了，来了。"老奶奶拉着老爷爷，老爷爷拉着萝卜叶子，一起拔萝卜。"嗨哟，嗨哟"拔呀拔，还是拔不动。

老奶奶喊："小姑娘，小姑娘，快来帮忙拔萝卜！"

"唉！来了，来了。"小姑娘拉着老奶奶，老奶奶拉着老爷爷，老爷爷拉着萝卜叶子，一起拔萝卜。"嗨哟，嗨哟"拔呀拔，还是拔不动。

小姑娘喊："小狗儿，小狗儿，快来帮忙拔萝卜！"

"汪汪汪！来了，来了。"小狗儿拉着小姑娘，小姑娘拉着老奶奶，老奶奶拉着老爷爷，老爷爷拉着萝卜叶子，一起拔萝卜。"嗨哟，嗨哟"拔呀拔，还是拔不动。

小狗儿喊："小花猫，小花猫，快来帮忙拔萝卜！"

"喵喵喵！来了，来了。"小花猫拉着小狗儿，小狗儿拉着小姑娘，小姑娘拉着老奶奶，老奶奶拉着老爷爷，老爷爷拉着萝卜叶子，一起拔萝卜。"嗨哟，嗨哟"拔呀拔，还是拔不动。

小花猫喊："小耗子，小耗子，快来帮忙拔萝卜！"

"吱吱吱！来了，来了。" 小耗子拉着小花猫，小花猫拉着小狗儿，小狗儿拉着小姑娘，小姑娘拉着老奶奶，老奶奶拉着老爷爷，老爷爷拉着萝卜叶子，一起拔萝卜。"嗨哟，嗨哟"拔呀拔，大萝卜有点动了，再用力地拔呀拔，大萝卜拔出来啦！

他们高高兴兴地把大萝卜抬回家去了。

讲完故事，妈妈还可以给宝宝唱一唱这首欢快动听的《拔萝卜》。这首儿歌歌词幽默、富于节奏，尤其受到小朋友的喜欢。其歌词是：

拔萝卜，拔萝卜，
嘿哟嘿哟，拔萝卜，
嘿哟嘿哟，拔不动。
老太婆，快快来，
快来帮我们拔萝卜。
拔萝卜，拔萝卜，
嘿哟嘿哟，拔萝卜，
嘿哟嘿哟，拔不动。
小姑娘，快快来，

快来帮我们拔萝卜。

拔萝卜，拔萝卜，

嘿哟嘿哟，拔萝卜，

嘿哟嘿哟，拔不动。

小黄狗，快快来，

快来帮我们拔萝卜。

拔萝卜，拔萝卜，

嘿哟嘿哟，拔萝卜，

嘿哟嘿哟，拔不动。

小花猫，快快来，

快来帮我们拔萝卜！

开动脑筋吧

　　胎儿能够感知母亲的思想，如果怀孕的母亲既不思考也不学习，胎儿也会深受感染，变得懒惰起来。显然，这对于胎儿的大脑发育是极为不利的。因此，孕妇一定要利用一切可利用的时间养成看书、读报以及背唐诗、宋词、外语单词及其他的学习习惯，保持自己强烈的求知欲，也可和家人一起下下棋、玩玩牌、猜谜等，总之要动动脑筋，也就是做做"脑力体操"，充分调动自己的思维活动，使脑子越用越灵，胎儿也能受到良好的教育。

　　今天来猜猜中国城市名称吧。

1. 夸夸其谈——（　　　）

2. 四季花开——（　　　）

3. 双喜临门——（　　　）

4. 夏天盖棉被——（　　　）

5. 漂亮的长河——（　　　）

6. 风平浪静——（　　　）

7. 基本一样——（　　　）

8. 永久太平——（　　　）

9. 牵羊上法庭——（　　　）

10. 日近黄昏——（　　　）

11. 冰河解冻——（　　　）

12. 久雨初晴——（　　　）

13. 胖子开会——（　　　）

14. 大家都笑你——（　　　）

15. 不冷不热的地方——（　　　）

准爸爸的参与

随着孕周的增长，胎宝宝的发育越来越快，这时孕妈妈的身形有了变化，动作也迟缓了些。细心的准爸爸应该想到此时孕妈妈有很多动作做起来不方便，如洗头，如果孕妈妈弯腰太久的话，不但会腰酸，肚子也会不舒服，有可能造成子宫收缩。

因此，准爸爸一定不能错过这个表达爱意的机会，给妻子洗个头吧，让妻子坐在有靠背的椅子上，慢慢地享受这个甜蜜的服务吧。

营养食谱

淮山牛奶炖猪肉

原料： 淮山100克，牛奶1盒，猪瘦肉400克

调料： 食盐适量，姜25克

做法

1. 淮山放入一大碗中，加水浸泡30分钟备用；

2. 猪瘦肉洗净切成块，姜洗净切片；

3. 将瘦肉块与姜片放入锅内，加适量水，中火煮约1小时，再加入洗净的淮山，文火熬煮淮山至软熟；

4. 最后将牛奶倒入锅内，再加入食盐烧沸即成。

上页的谜语答案

1. 海口。2. 长春。3. 重庆。4. 武汉。5. 丽江。6. 宁波。7. 大同。8. 长安。9. 沈阳。10. 洛阳。11. 开封。12. 贵阳。13. 合肥。14. 齐齐哈尔。15. 温州。

第3章

孕中期 (13~28周) 胎教方案

　　胎教进行到孕中期，孕妈妈应该早已体会到胎教带来的神奇。感受宝宝在你腹中的点滴，他的每一次翻身、每一次踢腿是不是都带给你巨大的喜悦？宝宝正在快速发育，孕妈妈不可错过这个胎教的大好时机！

第13周——长得越来越漂亮了

准妈妈：宝宝，今天吃过晚饭后，我和你爸爸一起去散步，突然想到，你会长得像爸爸呢还是像妈妈，你爸爸说当然是像他，可我希望你遗传我们的优点，眼睛长得像妈妈，鼻子、脸形长得像爸爸，哈哈，你肯定是一个非常漂亮的宝宝！

胎宝宝：妈妈，你拼命吃下的营养我都收到了，你看，我现在五官明显，脖子已经发育得足以支撑头部了，嘴唇能够张合，手指开始能与手掌握紧，脚趾与脚底也可以弯曲，骨骼发育明显，我很健康，这都是妈妈的功劳哦。

孕妈妈的健康生活

◆注意增加营养，可以带些营养品在办公室里服用，也可以多吃些水果。

◆如果开始感到腰痛，就要注意不能长时间保持一种姿势，要采取正确的姿势进行工作。

◆孕妈妈应充分了解有关怀孕、分娩的各项知识，这样可消除怀孕期间的不安与恐惧，也能有助于顺利分娩。孕妈妈可就近到妇幼保健所或医院内妇幼保健科索取资料，也可阅读有关孕产保健的书籍。

◆为使分娩变得轻松，最好从现在开始做一些孕妇体操，但应以体能负荷的范围为限，千万不要过分勉强。

◆可请理发师设计一个易梳洗、易整理的发型，除让人看起来清爽外，自己心情也会变得愉

快。

◆再过1个月，平时的衣服就穿不下了，应趁着身体情况良好时先行准备。加肥、宽松的内衣裤也是必备的怀孕用品。

运动吧

运动对于增强孕妈妈的体质非常重要，有利于胎儿健康发育。最好的运动莫过于散步，它可促进血液循环，增加呼吸量，可以提高神经系统和心肺功能，增加新陈代谢，加强肌肉活动。孕妈妈可以每天走半小时，如果上下班路程不远，可以不乘公共汽车，而改步行。

锻炼虽然能给机体带来很多好处，但如果安排不合理就会适得其反。一般情况下，在妊娠早期，孕妈妈的灵活性和柔韧性较强，可以选择瑜伽、慢跑、游泳、健美操、骑自行车等来进行锻炼，妊娠晚期，孕妈妈则宜经常到室外散散步。同时还可以在运动时配一些优美的旋律，使运动变得更有情趣。此外应注意，在运动时要对运动量、强度和时间进行合理的控制，以免给身体造成一些不必要的损伤。

总之，在锻炼时应遵守循序渐进、持之以恒的原则，不要让身体太过疲劳。

唱歌吧

这是首非常经典的民谣，孕妈妈现在就唱给宝宝听吧。

茉莉花

好一朵茉莉花，好一朵茉莉花，
满园花开，香也香不过它；
我有心采一朵戴，
看花的人儿要将我骂。
好一朵茉莉花，好一朵茉莉花，
茉莉花开，雪也白不过它；

我有心采一朵戴，
又怕旁人笑话。
好一朵茉莉花，好一朵茉莉花，
满园花开，比也比不过它；
我有心采一朵戴，
又怕来年不发芽。

听音乐吧

今天来欣赏德彪西的钢琴曲《月光》。这是作者早期代表作《贝加马斯卡组曲》中的第3曲。乐曲一开始，明亮的旋律以缓慢的速度向下浮动，宛如月亮正把银色的光芒洒向人间。接着，在连续的和弦进行中，上声部轻轻地奏出优雅如歌的月光曲。中间部分由3个段落组成，是一个富于抒情意味的部分，好似抒写了人们在银色月光下浮想联翩、愉快歌唱的情绪。乐曲的再现部分，把淡淡的月色描绘得更加富于诗意。

这首乐曲能让人镇静安眠，孕妈妈在欣赏时，是不是也犹如置身在月夜的幽静景色下，让人美好陶醉？

欣赏吧

动画片会是宝宝成长过程中不可缺少的娱乐，那么，在孕期孕妈妈也可以找一些经典的动画片，提前和宝宝一起欣赏这些可爱、温情的动画片吧。在观看的过程中，孕妈妈还可以给宝宝讲讲其中的故事情节。

《海底总动员》是一部由迪士尼公司推出的三维电脑动画作品，夺得了2004年的奥斯卡最佳动画长片。影片的主角是一对可爱的小丑鱼父子，父亲玛林和儿子尼莫。

父亲马林本来有一个幸福的家庭，他们在澳洲外海大堡礁中过着安定而平静的生活。但在一场意外中妻子珊珊和大部分孩子都被鲨鱼吃掉，只剩下唯一的儿子尼莫。在那巨大的打击后马林开始谨小慎微，行事缩手缩脚，成为了远近闻名的胆小鬼。因为这一点，儿子尼莫常常与马林发生争执，甚至有那么一点瞧不起自己的父亲。直到有一天，在父亲马林的不信任眼神中，尼莫游向了停在海上的游轮底部。当尼莫要回返时，

却被潜水员捉住了，并将它带到了澳洲悉尼湾内的一家牙医诊所。

在大堡礁的海底，心爱的儿子突然生死未卜的消息，对于鱼爸爸马林来说却无异于晴天霹雳。尽管胆小怕事，为了救回心爱的孩子，马林也就只有豁出去了。它决心跟上澳洲洋流，踏上寻找自己儿子的漫漫征程。

虽说是已下定决心，但这并不代表马林可以在一夜之间抛弃自己怯懦的性格。途中与大白鲨布鲁斯的几次惊险追逐，很快便令它萌生退意，险些使父子重聚的希望化为泡影。但幸运的是，马林遇到了来自撒马力亚的蓝唐王鱼多莉。多莉是一只热心助人、胸怀宽广的大鱼。虽然严重的健忘症常常搞得马林哭笑不得，但是有多莉在身边做伴，却也渐渐令马林明白了如何用勇气与爱战胜自己内心的恐惧，也懂得了一生中有一些事情的确是值得自己去冒险去努力的道理。

就这样，两条鱼在辽阔的太平洋上的冒险使它们交到了形形色色的朋友，也遭遇了各式各样的危机。而鱼爸爸马林也终于克服万难，与儿子团聚并安全地回到了自己的家乡。过去那个让自己儿子都瞧不起的胆小鬼马林，经过这次的考验后成为儿子眼中真正的英雄！一场亲情团聚的大戏，就此在充满泪水的眼睛中落下了帷幕。

准爸爸的参与

这个时期，孕妈妈的妊娠反应逐渐消失，食欲旺盛，所以准爸爸此时可以大展身手了。除了亲自选购、烹饪可口的食物外，还可以不时带妻子外出到餐厅享受一些丰富可口的美味菜肴。去餐厅应尽量选择宽敞、明亮、整洁、卫生条件好的地方。此外，还要注意核算每日妻子饮食的营养量，保证营养平衡，并根据孕妈妈的健康状况，适当调整饮食的结构。

营养食谱

香芹木耳茶树菇

原料： 茶树菇100克，木耳30克，芹菜50克，红椒1个，姜末、蒜末各少许

调料： 食用油、食盐、生抽、鸡精、水淀粉各少许

做法

1. 将芹菜洗净切段，红椒洗净切丝；

2. 茶树菇和木耳泡发好，并将茶树菇去蒂，木耳撕成小片；

3. 锅中放油烧热，爆香姜末、蒜末，下入茶树菇翻炒一会，加入木耳继续炒，加少许水，焖至水干，加入芹菜段和红椒丝，调入食盐、生抽、鸡精，最后用水淀粉勾薄芡，即可出锅。

第14周——做鬼脸的胎宝宝

准妈妈：宝宝，妈妈天天做的胎教你有没感受到？那都是为了使你更聪明、更健康的！今天我还给你爸爸下达了命令，从现在开始，要每天跟你讲话，要念书、讲故事给你听！怎么样，你也想听到爸爸的声音吧？

胎宝宝：妈妈，我的身体的所有基本构造（包括内部的和外部的）都已经形成了，尽管它们仍然非常微小。我能够斜眼、皱眉和做鬼脸了哦，而且我的胳膊已经比较灵活了，能够抓握，有时我还会吸吮自己的手指头呢。

孕妈妈的健康生活

◆此时早孕反应大都已经消失，食欲已恢复正常，胎儿也进入了急速生长的时期，开始需要大量的营养。孕妈妈不要偏食，应加强饮食营养，增加能量和包括蛋白质、碳水化合物、脂肪、无机物、维生素等在内的营养素，以满足身体合成代谢的需要。

◆孕妈妈要多喝牛奶，可以每天服2片酵母片，偶尔吃粗粮。

◆此时有可能出现妊娠贫血症，因此对铁质的补充尤其重要。

◆身体容易出汗，分泌物增多，容易受病菌感染，每天应该淋浴，并且勤换内裤。

唱歌吧

除了利用名曲进行音乐胎教外，孕妈妈还可以给宝宝听或唱一些简单的英文歌，为丰富宝宝的语言能力、提高英语学习能力打下基础。当然，此类歌曲不可选太多，只选一两首简单的反复听唱即可增强宝宝对不同语言的敏感度。

下面这首非常著名的英文儿歌《一闪一闪小星星》，孕妈妈可以唱给宝宝听。

Twinkle Star

Twinkle, twinkle, little star

How I wonder what you are

Up above the world so high

Like a diamond in the sky

Twinkle, twinkle, little star

How I wonder what you are

Up above the world so high

Like a diamond in the sky

此旋律也配有中文歌词：

一闪一闪亮晶晶，

神奇可爱的小星星，

高高挂在天空中，

好像宝石放光明。

一闪一闪亮晶晶，

神奇可爱的小星星。

动动手吧

　　孕妈妈在动手的过程中通过手指的动作可以促进大脑皮层相应部位的生理活动，从而提高人的思维能力。同时，孕妈妈在动手劳作的过程中心情也会得到放松。

　　孕妈妈可以为初生的宝宝编织一些颜色鲜艳的挂饰，挂在宝宝的床头，既温暖又可爱。也可以编织宝宝或准爸爸的衣物，还可以尝试一下绣花，这些过程都是心、眼、手的锻炼过程。

　　如果孕妈妈之前从未接触过编织也没有关系，市场上有一些编织器售卖，可以帮助不会编织的孕妈妈解决问题。

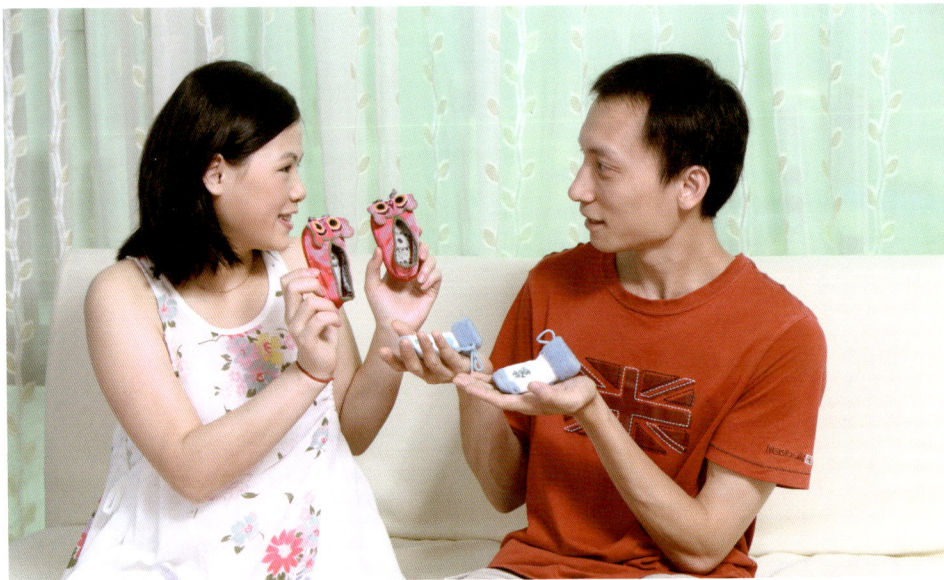

来段绕口令吧

　　来一段绕口令吧，说绕口令时，不仅舌头和嘴唇要进行正确的运动，大脑也一样。现在，孕妈妈将舌头准备好，嘴唇，准备好，脑袋准备好，开始！

扁担长，板凳宽，
板凳没有扁担长，
扁担没有板凳宽，
扁担要绑在板凳上，
板凳偏不让扁担绑在板凳上。

娃挖瓦，娃挖蛙，

娃挖瓦挖蛙，

挖蛙挖出瓦。

娃挖蛙挖瓦，

挖瓦挖出蛙。

蓝教练是女教练，

吕教练是男教练，

蓝教练不是男教练，

吕教练不是女教练。

动动脑吧

1. 下面的不等式是由14根棉签组成的。现在开始动脑筋，请你只移动其中1根棉签，使不等式成为等式。

2. 下面是13根棉签摆成的一头向左行走的猪，请移动最少的棉签使猪往反方向走。

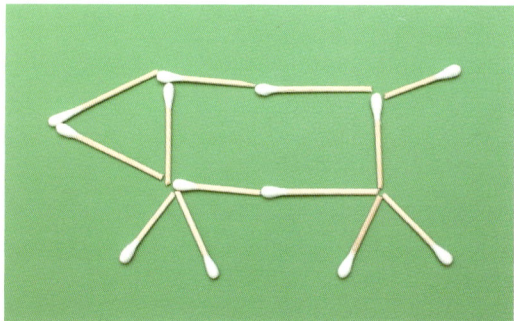

准爸爸的参与

从4个月开始，是进行胎教的大好时机，准爸爸应利用此时机积极配合和鼓励妻子，一起参与胎教过程，为自己的小宝宝健康成长作出努力。胎教时间最好在孕妈妈早上起床后、午睡或下班后、晚上临睡前进行。

同时，此时期也是胎儿发育的重要时期，准爸爸应该帮助妻子做好孕期保健和自我监护，定期到医院检查，向医生咨询孕期应注意的一些保健知识，并学习一些孕育知识，随时关注孕妈妈的身体状况，以保证胎儿健康成长。

营养食谱

番茄金针菇猪肝汤

原料： 猪肝200克，番茄1个，金针菇60克，鸡蛋1个，葱花少许

调料： 食盐、生抽、味精、香油各适量

做法

1. 猪肝洗净切片，入沸水中汆去血水；

2. 番茄去皮切块，金针菇切去老根洗净，鸡蛋打散备用；

3. 锅上火，加入适量清水烧沸，下入猪肝片、金针菇、番茄块一起煮10分钟，加入食盐、生抽、味精后淋入蛋液，再次煮沸后滴入香油，撒入葱花即可出锅。

tips 猪肝是补铁佳品，此汤味鲜美，正适合为此时的孕妇补充铁质。

上页游戏的答案

答案1：

答案2：

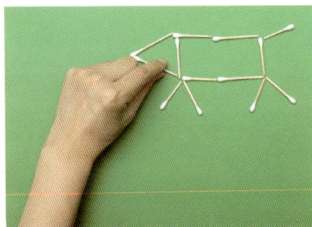 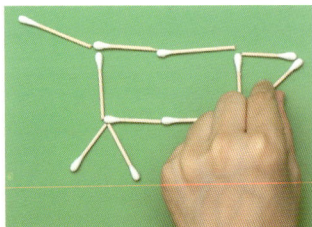 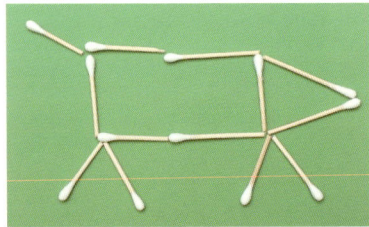

第 *15* 周——胎宝宝打嗝了

准妈妈：今天天气真好，宝宝我们一起去散步！嗯，你看，这朵花儿真漂亮，还有香味呢，你知道花儿为什么会有香味吗？这是因为花瓣不断分泌带有香味的芳香油，花开的时候，芳香油随着水分一起散发出来，我们就闻到花儿的香味啦！

胎宝宝：妈妈，我可以感觉到光了，眉毛开始长出来了，头发的生长速度也很快。呆在子宫里可无聊了，只好整天吸入、吐出羊水，做各种表情来打发时间，对了，妈妈，我会打嗝了，这是开始呼吸的前兆哦，遗憾的是妈妈你无法听到这个声音。

孕妈妈的健康生活

◆禁用风油精、清凉油，不宜服用泻药。

◆切莫浓妆艳抹，以免不当的化妆品危害胎儿。不涂指甲油，特别要注意嘴唇卫生，少涂口红，吃完食物要将嘴唇擦干净，外出回家也要清洁嘴唇。

◆保持心胸宽广和良好心情，多听轻快优美的音乐。

◆乘车上下班要注意安全，避开高峰期。

◆多进行一些室外活动，适当晒晒太阳，呼吸新鲜空气，及时补充足量的水分。

孕妈妈的营养胎教

孕妈妈的饮食原则是均衡营养，要有良好的饮食习惯，不只是为胎儿提供充足的营养，而且能影响孩子出生后的饮食习惯，因为孩子的饮食习惯跟妈妈在怀孕期间的饮食习惯有关。所以，孕妇用餐应做到以下几点：

三餐要定时。孕妇应该在固定的时间吃饭，如早餐7～8点、午餐12点、晚餐6～7点，再忙，都不应该占用吃饭时间。

三餐要定量。一日三餐，每一餐都很重要，不应该被忽略或合并在一起，注意热量与营养的均衡摄取，平分在3餐之中。

三餐固定地点。为了将来的宝宝能专心坐在餐桌旁吃饭，孕妇应该在固定的地点吃饭。

用餐要专心。一边吃饭一边做别的事，例如吃饭的同时看书或吃饭的同时看电视都是坏习惯，准妈妈要专心吃饭，宝宝将来才会专心吃饭。

保持愉快的心情。进食过程应从容不迫，保持心情愉快。相同的食物，在妈妈津津有味地吃完后，那种满足感会直接传达到胎儿的大脑，以后宝宝就会容易接受这些妈妈吃过的食物。

保持食物多样化。准妈妈应尽量多吃天然原始的食物，如五谷、青菜、新鲜水果等。身体所需的营养尽量从食物中获得，最好不要补充维生素制剂，因为目前仍有许多营养素尚未被发现，所以建议孕妇的三餐吃各种食物，如果每天吃25种不同的食物，营养就容易充足。

唱歌吧

给宝宝唱儿歌吧，不会唱也没关系，将歌词生动地念给宝宝听也能起到较好的效果。对着漂亮的宝宝画像，唱道：

一边一个小脸蛋，
圆圆的小下巴，

黑色的大眼睛，
还有一个大脑门。
噢！
这就是妈妈的小宝宝！

还有关于五官的儿歌：

眼 睛

小眼睛，亮晶晶，
样样东西看得清。

鼻 子

小鼻子，两个孔，
各种气味它都懂。

嘴 巴

小嘴巴，会说话，
快快快，叫妈妈！

耳 朵

小耳朵，听得清，

妈妈叫，快答应。

手

我有两只手，

十个手指头。

脚

小小脚，走路好，

宝宝不要大人抱。

游戏吧

人类经过进化，从四肢爬行到直立行走，上肢比下肢更加灵活。手指功能越来越多和越来越精细，极大地促进了大脑发育。因此，孕妈妈勤动手指，大脑也会得到相应的锻炼，更重要的是，胎宝宝也能因此而受益呢。

下面，孕妈妈就来做做手指操吧！

边做手指操，边念以下口诀：

一根手指点点头，两根手指剪剪布，三根手指弯弯腰，四根手指拉拉手，五根手指握拳头。

步骤：

1. 双手伸出食指连弯4下，同时念出口诀"一根手指点点头"；

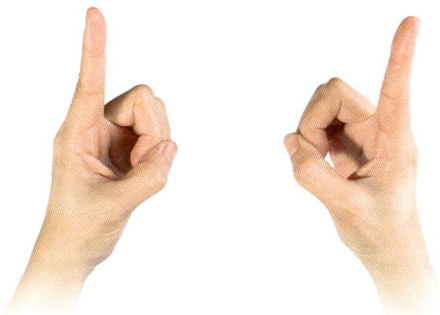

2. 双手伸出食指、中指，指尖相对做剪刀剪4下，念口诀"两根手指剪剪布"；

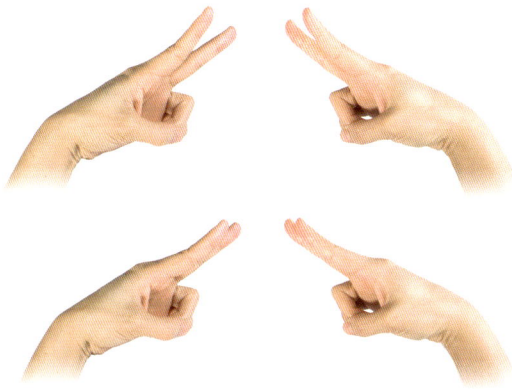

3. 双手伸出食指、中指、无名指，相对弯4下，说"三根手指弯弯腰"；

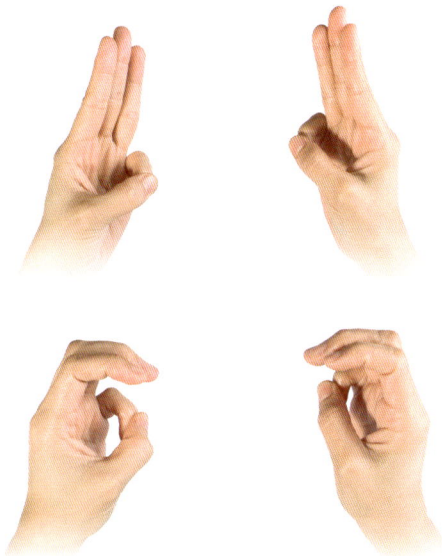

4. 双手的食指、中指、无名指、小指4指，弯曲用力向两边互拉4下，说"四根手指拉拉手"；

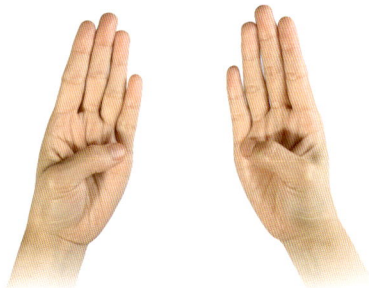

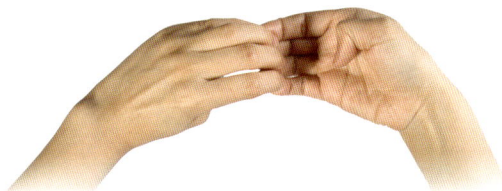

5. 双手五根手指交叉用力握住，并前后摇4下，说"五根手指握拳头"。

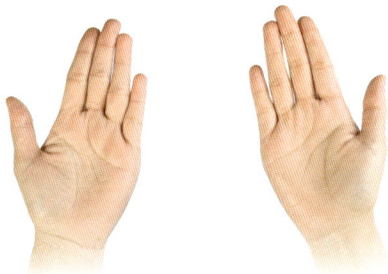

准爸爸的参与

这段时间，丈夫要一如既往地关心爱护妻子，这样既能增进夫妻之间的感情，又等于间接帮助胎儿成长。每位丈夫对妻子的体贴方式各不相同，有人代替妻子外出购物，有人代替整理、打扫居室，也有人在周末的夜晚带妻子到外面享受烛光晚餐。选择适合自己的方式，积极参与胎教，关爱孕妈妈，使孕妈妈保持愉悦心情，这对母子来说都是很有好处的。

营养食谱

野山菌烧神仙豆腐

原料： 神仙豆腐300克，野山菌100克，红椒片25克，姜片3克，上汤200毫升

调料： 食用油少许，食盐4克，味精、鸡精各2克，蚝油5克，水淀粉15克

做法

1. 将野山菌泡发洗净切片，神仙豆腐略洗备用；

2. 锅上火，加入适量油烧热，炒香姜片、红椒片，加入上汤，放入神仙豆腐、野山菌片；

3. 烧至菌熟后，调入食盐、味精、鸡精、蚝油，烧入味，用水淀粉勾芡，芡熟盛出即可。

tips 神仙豆腐含有丰富的钙质且易吸收，是孕妈妈的补钙佳品。

第16周——更真实地感觉到宝宝的存在了

准妈妈：宝宝，今天爸爸和妈妈一起去孕婴商店了，给妈妈买了孕妇装，也给你买了非常漂亮的衣服哦！回家来妈妈穿上美美的孕妇装照了相，留给你长大以后看吧。

胎宝宝：妈妈，我现在约有150克了，双眼仍然紧闭，但是眼球可以移动了，皮肤薄而透明，能看到皮下的血管网。双臂及两腿的关节已经形成，硬骨开始发育。肉眼已能辨出我是男孩还是女孩，但是医生不会告诉你，你自己猜吧！

孕妈妈的健康生活

◆这个时期，胎儿已经处于相对稳定的状态了，孕妈妈可适当增大运动的强度，但要避免剧烈运动和过度疲劳，以体能负荷的范围为限，千万不要勉强。

◆孕妈妈最好每天洗澡。洗澡要选择淋浴，因为盆浴有可能引起孕妈妈感染疾病。洗澡水的温度应在34~35℃为宜，洗澡时间不宜超过15分钟，以免因缺氧而影响胎儿神经系统发育。

◆注意脚的保健，尽量不要提过重的物品，不要穿高跟鞋，以减少脚的负担。

◆卧室要注意空气流通，夏天睡觉应盖上薄被或穿好睡衣，不可受凉风吹。

◆冬天衣服要保暖又轻便，不可穿得过多，也不可受寒。鞋子要防滑，防止摔跤。

阳光与胎教

一般来讲，孕妇需要比平常更多的钙、磷等物质。孕妇如果能多参加一些户外活动，常晒晒太阳，就能从阳光中接受紫外线等光线的照射，增加人体体内的维生素D，促进母体内钙、磷的吸收，促进胎儿骨骼的生长发育。

研究显示，人脑底部的松果体对阳光变化十分敏感，往往会

根据外界阳光的强弱来调节褪黑激素分泌量的多少。专家指出，婴儿及孕妇受光照的密集度与褪黑激素之间有一种相互作用的关系。也就是说，如果孕妇光照足，体内褪黑激素分泌充足，将有利于胎儿的生长发育。

所以，孕妇要多进行一些室外活动，适当接受日光浴，对自身的健康和胎儿的发育都有好处。

当然，什么时候晒太阳，应根据季节、时间以及个人的具体情况灵活掌握。如盛夏季节，烈日炎炎，完全不必专门晒太阳，因为此时室外活动多，树阴里的散射阳光、马路上的行走就足以满足孕妇的需要了。一般来说，根据我国的地理条件，春秋季以每天9～16时为宜，冬季以10～13时为宜，此时阳光中的紫外线最为充足。

读书吧

《同情》是印度具有世界影响力的著名诗人、作家泰戈尔的一首散文诗，全诗较短，以孩子的语气发问，从孩子的自白里，读者能看到一颗可爱的童心。也许成人会觉得不可思议：你就是妈妈的孩子，为何要问如果你是一只小狗、一只绿色的小鹦鹉呢？可是孩子不这样想。不管是小狗、小鹦鹉，还是你的小孩，都是活生生的生命！妈妈，如果你爱你的孩子，就爱这些自然中的小生命吧，它们同样需要人类之爱。

同　情

泰戈尔

如果我只是一只小狗，而不是你的小孩，
亲爱的妈妈，当我想吃你盘里的东西时，你要向我说"不"么？

你要赶开我，对我说道"滚开，你这淘气小狗"么？
那么，走罢，妈妈，走罢！
当你叫唤我的时候，我就永不到那里去，
也永不要你再喂我吃东西了。

如果我只是一只绿色的小鹦鹉，而不是你的小孩，
亲爱的妈妈，你要把我紧紧的锁住，怕我飞走么？
你要对我指指点点地说道
"怎样的一只不知感恩的贼鸟呀！整日整夜地尽在咬它的链子"么？
那么，走罢，妈妈，走罢！我要跑到树林里去；
我就永不再让你将我抱在你的臂里了。

欣赏吧

对胎宝宝进行美学的培养，需要通过孕妈妈将感受到的美通过神经传导输送到胎宝宝，让宝宝与妈妈一起分享这一切。所以孕妈妈在孕期就应该多看一些美好的事物。下面孕妈妈就来欣赏这幅名画《清明上河图》吧。

《清明上河图》是北宋画家张择端存世的仅见的一幅精品，为中国十大传世名画之一，宽24.8厘米，长528.7厘米，绢本设色。这幅画生动地记录了中国12世纪城市生活的面貌，这在中国乃至世界绘画史上都是独一无二的。总计在5米多长的画卷里，共绘了550多个各色人物，牛、马、骡、驴等牲畜五六十匹，车、轿20多辆，大小船只20多艘。房屋、桥梁、城楼等也各有特色，体现了宋代建筑的特征。具有很高的历史价值和艺术水平。

轻轻打开此图，只见小溪旁边的大路上一溜驮队，远远的从东北方向汴梁走来，5匹骡马负重累累，前面的马夫把领头的牲畜赶向拐弯处的桥上，后面的驮夫用马鞭把驮队驱赶向前，目的地快要到了，从驮工熟练地驾驭驮队的神情就知道他们是行走多年的老马帮了。小桥旁一只小舢板拴在树苑上，几户农家小院错落有序地分布在树丛中，几棵高树枝上有4个鸦雀窝，看起来与现在鸦雀筑窝方式与高度别无二致。打麦场上有几个石碾子，是用于秋收时脱粒用的，此时还闲置在那里。羊圈里有几只羊，羊圈旁边似乎是鸡鸭圈，仿佛圈里饲养了很大一群鸡鸭，好一幅恬静的乡村图景，不由得惊叹1000多年前的宋代有如此发达的农业和养殖业。

准爸爸的参与

胎心能够直接反映小宝宝在子宫内的安危。到了孕中期，准爸爸应该学会听胎心。听胎心最简单最准确的方法是使用胎心仪，听时要学会分辨母体主动脉音和母体心音、胎心音与肠鸣音，具体区别是母体的心率较胎心跳动慢，胎心音是规律的，而肠鸣音是不规律的。正常胎心率一般每分钟120～160次，每天听1～3次。

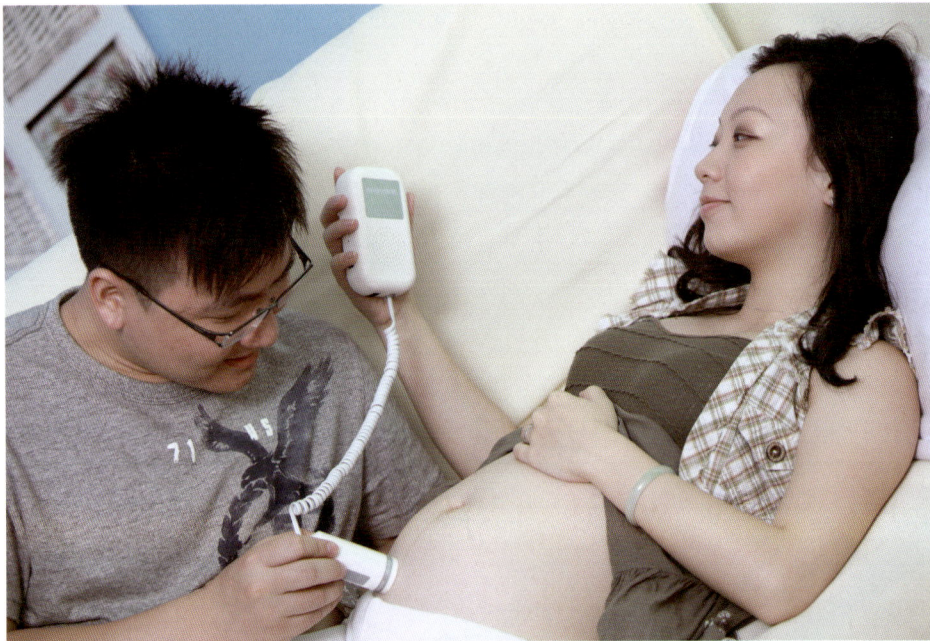

孕妈妈在去医院做产前检查时，可先让保健医生帮助确定胎心的位置，然后在腹部做一个标记，回家后让准爸爸记住标记位置，再使用胎心仪测听。具体方法为：孕妈妈仰卧在床上，双腿平伸直，准爸爸将胎心仪直接放在腹壁上听即可。胎心每分钟超过160次或少于120次，或跳动不规则都属异常，说明胎儿在子宫有缺氧情况，应及时去医院。

准爸妈讲百科

将一些百科知识通过讲故事的方式给胎宝宝听，他一定会非常喜欢。可以在每天晚饭后，由准爸爸读给胎宝宝听。爸爸用生动的语言、低沉的嗓音娓娓道来，对胎宝宝和孕妈妈来说，都是一种美好的享受。那么，准爸爸开讲吧！

宝宝，今天爸爸要给你讲一种可爱的动物——袋鼠。

袋鼠是澳洲的标志性动物，在澳大利亚，袋鼠图就是这个国家的标识。袋鼠这种神奇的动物，有着令人不可思议的特点：袋鼠的成体与刚出生的幼体相差数万倍。袋鼠长着一对长健有力的后腿，所以它能跳得很远，跳起的高度也能达到4米。

刚出生的袋鼠非常小，和一颗蚕豆差不多，没有视力，毛也非常稀少，它在袋鼠妈妈的育儿袋中慢慢成长，长到6～7个月才能短暂地离开育儿袋。袋鼠很神奇，袋鼠妈妈的腹部有一个育儿袋，育儿袋里有4个乳头，小袋鼠就在这个育儿袋中经过近3年的时间，才可以完全离开妈妈独立生活。

宝宝，小袋鼠和你有点像哦，宝宝现在生活在妈妈的肚子里，而小袋鼠生活在妈妈的育儿袋中。妈妈真伟大，宝宝快点长大吧。

营养食谱

海鲜葱饼

原料：虾仁、鱿鱼各30克，蟹棒25克，鸡蛋2个，面粉150克，洋葱、香葱各10克

调料：牛肉粉、海鲜粉、白糖各5克，食盐3克，食用油适量

做法

1. 将鱿鱼、蟹棒洗净后改刀切成丝，洋葱切成小丁，香葱切成段；

2. 将备好的全部原料放入碗中，加入虾仁、鸡蛋、面粉搅匀后放入牛肉粉、海鲜粉、食盐、白糖、少许水调成糊状的面浆待用；

3. 锅上火，下油烧热后倒入调好味的面浆，均匀地摊成圆饼状，小火煎成两面金黄，改刀成三角块即成。

tips 海鲜面浆的水分不能太大，小火煎，摊得薄一些才好吃。

第17周——越来越灵活顽皮了

准妈妈：宝宝，最近你是不是熟悉了爸爸每晚的问候呢？你喜欢他讲的故事吗？嗯，乖宝宝，现在我们躺好了，今天就让你爸爸给我们朗诵一首诗吧！

胎宝宝：妈妈，我现在可灵活了，特别喜欢用手拉或抓住脐带玩，有时一不小心抓得特别紧，紧到只能有少量的氧气输送，妈妈我是不是太顽皮了？不过别担心，我很聪明的，不会伤到自己。

孕妈妈的健康生活

◆调理好膳食，预防便秘和水肿。

◆为了做到有备无患，婴儿用品及分娩时的必需用品，现在应该列出清单并开始准备。

◆平时应多注意口腔卫生，如果牙齿需要治疗，此时是好时机。

◆工作休息时可以做些轻微的运动，如活动脚踝、伸屈四肢等。

◆注意乳房卫生，经常用中性肥皂或温水擦洗乳头。洗浴后可涂点油脂，或进行按摩，选用合适的胸衣。适时地开始乳房、乳头的保养按摩可使乳头坚韧、挺起，利于出生后宝宝吸吮和乳房美观。一些扁平乳头、凹

陷乳头的孕妈妈可以每天用手向外牵拉乳头，也可以使用乳头纠正工具进行矫治。另外还需要做乳房保健按摩操，从乳房的四周向中心轻轻按摩。

夫妻感情影响胎教

感情融洽是家庭幸福的一个重要条件，也是优生和胎教的重要因素。研究已经证实，在母亲腹中的宝宝对来自外界的刺激是有反应的，孕妇所感觉的事物都可影响胎儿。据报道，在孕早期，夫妻之间经常争吵，孕妇情绪极度不安时，可引起兔唇、腭裂等畸形。在孕晚期，如果夫妻感情不和，则可增加胎动次数，影响胎儿身心发育。父母激烈争吵，母体受刺激后内分泌发生变化，随之分泌出一些有害激素，通过生理信息途径传递给胎儿，这样的胎儿出生后往往急躁不安、哭闹不休、睡眠差、消化功能不好。

因此，妊娠期间，丈夫应调节好夫妻间的感情，与妻子共同分担压力，使孕期变成一个完美的、愉悦的过程，以利于胎儿的健康发育和胎教的完美进行。

听音乐吧

孕妈妈可以给胎宝宝听一首自然的乐曲，让胎宝宝和你一起徜徉在音乐勾勒出来的自然景色中。

听听班得瑞的作品吧，像《春枝绿叶》《微风吹拂的方式》《风的呢喃》《静静的雪》以及《印度夏天的雨》，这些都是可以帮助孕妈妈静心的自然清晰之乐。

朗读吧

野　外

潘人木

树林里有鸟，
鸟会飞。
怎么飞？
展翅飞去又飞回。

河里有鱼，
鱼会游戏。
怎么游？
摇摇尾巴转个头。

草里有虫，
虫会跳。
怎么跳？
抬起脚来弯弯腰。

动动手吧

孕妈妈勤动手，不仅对自己是种锻炼，还能给胎宝宝带来良好的刺激。今天，孕妈妈来画个简笔画吧。所谓简笔画就是用简单的线条画出事物主要的外形特征，要画得"简"、画得像，就必须删掉细节，突出主要特征，把复杂的形象简单化。

色彩对人的视觉影响最大，因此孕妈妈画完之后最好给所画的作品涂上合适的颜色，孕妈妈将鲜艳和谐的色彩传递给宝宝，也会给他带来美的感受。

在画画的过程中，孕妈妈可以告诉宝宝现在画的是什么，还可以用简短的语言概括所画的步骤，完成后再让宝宝好好欣赏。

现在孕妈妈准备好纸和笔，按下面的步骤画一只可爱的小鸭子吧。

1. 先画鸭子的头和胖胖的身子；

2. 再来画嘴巴和脚；

3. 最后给可爱的小鸭子涂上颜色，宝宝，你也来欣赏妈妈画的小鸭子吧。

唱歌吧

《洋娃娃和小熊跳舞》是一首非常欢快的儿歌，妈妈在唱时还可以配合一些简单的动作，如拍拍手、转转圈等。

洋娃娃和小熊跳舞

洋娃娃和小熊跳舞
跳呀跳呀一二一
他们在跳圆圈舞呀
跳呀跳呀一二一
小熊小熊点点头呀
点点头呀一二一
小洋娃娃笑起来啦
笑呀笑呀哈哈哈

洋娃娃和小熊跳舞
跳呀跳呀一二一
他们跳得多么好呀
多么好呀一二一
我们也来跳个舞
跳呀跳呀一二一

准爸爸的参与

孕妈妈的腹部日渐增大，乳房逐渐丰满，胸围也会一天比一天增大。因此，准爸爸是时候陪着孕妈妈一起去添置孕妇装了。现在市场上有很多孕妇服出售，孕妇装的具体的风格、样式还需要由孕妈妈自己做主，但准爸爸可以了解一些挑选孕妇装的小窍门，以便随时给她提出一点建议。

一般来说，孕妈妈在冬天需要注意保暖，要穿厚实、保暖、宽松的衣服，如羽绒服或棉织的衣服，既防寒又轻便。夏季容易出汗，宜穿肥大不贴身的衣服，如穿不束腰的连衣裙，或胸部有褶和下摆宽大的短衣服，裤子的腰部要肥大，也可穿背带裤。

职业女性的孕妇装应挑选容易穿着、舒适、不妨碍工作、设计良好的服装。孕妈妈偶尔需要穿着正式的服装，但因机会不多，最好以产后也能穿的款式为宜。越简单越好，最好能遮饰腹部，袖子以宽松的较佳。

营养食谱

油豆角炖排骨

原料： 猪排骨350克，油豆角200克，土豆250克，姜末、蒜末各少许

调料： 食用油、食盐、料酒、酱油、鸡精各适量

做法

1. 将猪排骨洗净剁成块，油豆角洗净去筋；
2. 土豆去皮洗净，切成滚刀块；
3. 锅上火，注油烧热，爆香姜末、蒜末，加入排骨块翻炒一会，倒入油豆角和土豆块继续翻炒匀，再加入适量水和料酒，焖煮至排骨熟烂，最后加酱油、食盐和鸡精煮入味即可。

第18周——是男孩还是女孩呢

准妈妈：宝宝你是男孩还是女孩呢？妈妈想你这么爱运动，一醒来就在妈妈肚子里施展拳脚，肯定是男孩。其实不管是男孩或是女孩，你都是妈妈手心里的宝，爸爸妈妈都会非常疼爱你。

胎宝宝：妈妈，这周我有15厘米、190克了，薄薄的皮肤下血管清晰可见，耳朵已长到正常的位置，我是不是长得很快呢？我现在可喜欢动了，经常在你肚子里戳、踢、扭动和翻转。

孕妈妈的健康生活

◆保证八九个小时的睡眠时间，提高睡眠质量，采取左侧卧姿势睡眠较好，以免此时增大的子宫压迫从而影响子宫血流量。

◆经常活动，定期产检。

◆将工作压力减到最小，工作间隙要多活动，促进血液循环。

◆可以适当进行家务劳动，不过要注意方法，比如不要登高打扫卫生、搬抬沉重的东西。冬天不要长时间和冷水接触，打扫灰尘要戴口罩进行，以减少有害物质的吸入。洗衣时不宜采取蹲位，尽量用温水，尤其是冬春季。

孕期不应有的心理

孕妇忌紧张恐惧。有些孕妇因为怀孕后发生的一切都是陌生的，于是对将要发生的事有一种担心和恐惧的心理，如果长期担惊受怕，精神处于高度紧张之中，通过神经内分泌机制的调节，肾脏会分泌大量肾上腺素。体内肾上腺素堆积过多，会直接影响到胎儿的生长发育。有恐惧心理

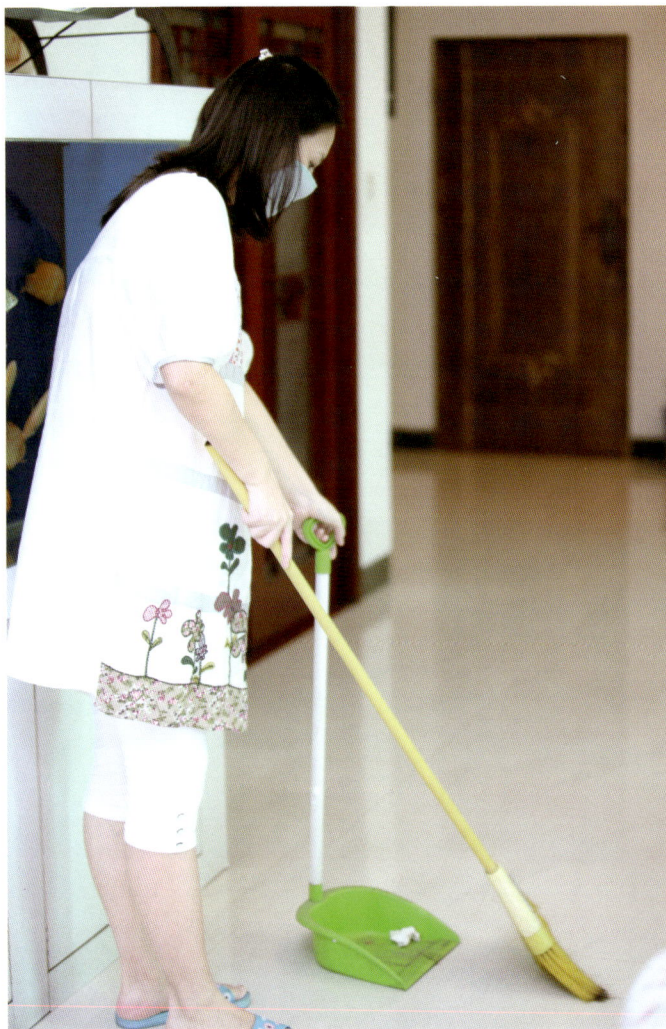

的孕妇应依靠科学手段，分析症结，及时解决，解除这种心理。

孕妇忌暴躁情绪。有些女性怀孕后，有时好发脾气，易动怒，这是由强烈的刺激引起的一种紧张情绪，不仅有害于自身的健康，而且还会殃及胎儿。因为孕妇发怒时，血液中的激素和有害物质浓度会剧增，并通过"胎盘屏障"进入羊膜，使胎儿直接受害。发怒还会导致孕妇体内血液中的白细胞减少，从而降低机体的免疫能力，使后代的抗病能力减弱。如果在胎儿口腔顶和上颌骨形成的第7～10周时，孕妇经常发怒，会造成胎儿腭裂和唇裂。因此，孕妇发怒，贻害无穷。

孕妇忌备物疲劳。到了妊娠中期，孕妇早孕反应消失，胎儿稳固了，大多数孕妇开始为宝宝积极地准备东西，虽然这样能使孕妇打发时间、陶冶情操，但是，备物也要有计划。如果整日忙个不停，不能得到充分休息，对健康有害无益。应该有计划地准备婴儿物品，不要太操劳，一些事情也可以让准爸爸来代劳。

孕妇忌急于求成。比如有的孕妇在进行胎教时，长时间将耳机放在腹部，造成胎儿烦躁。因此孕妇对宝宝进行胎教时，不能热情过度，也不要过于心急，应该准确掌握胎教的正确方法，在实施胎教的过程中，严格按照胎教的方法去做，这样才能使胎儿领会其中的含义，并积极地去响应。

孕妇忌疑虑过重。有些孕妇因不能看到胎儿一点一滴的变化，也就开始怀疑自己所做的一切对胎儿是否有用处。于是，胎教做过一段时间后便没有了热情，就半途而废了。其实，胎教过程也是孕妇自身性情磨练、修养提高的过程，若不能坚持到底，则对胎儿的成长发育不会起到很大的作用，孕妇不应持有怀疑态度。

孕妇忌羞怯自卑。 孕中期以后，孕妇的妊娠反应已消失，孕期的身体处于最佳时期，腹部也在逐渐隆起，别人已经能很明显看出你怀孕了。这时，有些孕妇会感到很害羞，见到熟人后会感到很难为情；有的则为自己的腰宽体胖和脸上的黄褐斑而烦恼，不愿被别人看到。其实，孕妇不必有这种心理，应该积极地参加朋友的聚会，得到朋友的关心，你会发现自己变得很重要，而且，你的胎儿处于这种浓浓的友爱之中，还能够得到更好的发育。

孕妇忌忧郁寡欢。 有的女性怀孕后总是感到烦闷，神情沮丧，显得无精打采。如果这种忧郁情绪持续一段时间，就会造成孕妇失眠、厌食和自主神经紊乱，影响到胎儿的正常发育。受孕妇这种心理的影响，胎儿出生后喜欢啼哭，长大后又会表现得感情脆弱、郁郁寡欢。因此有了忧郁心理的孕妇一定要积极调整自己的心态，多与乐观开朗的人接触，与之进行思想交流，这样有助于消除忧郁的情结。

孕妇忌盼子心切。 随着妊娠天数慢慢增加，孕妇盼望宝宝降生的心情也越来越急切，越到妊娠后期孕妇的这种心理就越是强烈。孕妇的这种焦急心理会影响胎儿心智的发育，也会影响胎儿在最后一段时间里生活的安宁。分娩是迟早的事，所以，孕妇应以平和的态度、愉悦的心情静待宝宝的降临。

朗诵吧

江畔独步寻花

杜甫

黄四娘家花满蹊，
千朵万朵压枝低；
留连戏蝶时时舞，
自在娇莺恰恰啼。

这是杜甫的一首诗，大意是：春天的花开起来争先恐后，漫山遍野，黄四娘家旁的一整条路都开满了花，把树枝压得都垂下来了，旁边还有一群群在花间流连飞舞的蝴蝶和快乐歌唱的黄莺。这活泼热闹的春天，真让人心花怒放！

孕妈妈在朗诵的同时，在脑海中想象一下这美好的春天吧。

唱歌吧

今天孕妈妈来给宝宝唱首歌颂伟大母爱的《慈母颂》吧，这是爱尔兰家喻户晓的一首歌，快将歌中浓浓的母爱传递给腹中的宝宝吧。

Mother Machree

There's a spot in my heart
which no colleen may own
There's a depth in my soul
never sounded or known

There's a place in my memory
my life that you fill;
No other can take it
no one ever will;

Every sorrow or care
in the dear days gone by;
Was made bright by the light
of the smile in your eye;

Like a candle that's set
in a window at night;
Your fond love has cheered me
and guided me right;
Sure I love the dear silver
that shines in your hair;
And the brow that's all furrowed
and wrinkled with care;

I kiss the dear fingers
so toil warm for me;
Oh! God bless you and
keep you, mother machree!

中文歌词是：

在我心中有那么一隅，
任何少女也不能占据。
它埋在我灵魂的深处，
我从不声张从不表露。

在我的记忆里，
生活充满着你。
别人不能替代，
永远也无例外。

逝去的欢乐日子里，
也曾有烦恼和忧伤。
但你眸中微笑的光，
总可以把一切照亮。

宛如一支点燃的蜡烛，
茫茫黑夜中透过窗户。
你温柔的爱鼓舞着我，
指引我走上正确道路。

我爱你美丽的头发，
闪烁着熠熠的银光。
我爱你额上的皱纹，
刻满了岁月的沧桑。

我吻你优美的双手，
为我辛劳暖我心房。
愿主保佑与你同在，
慈母啊，我的亲娘！

准爸爸的参与

此时对于孕妈妈来说，不断隆起的腹部逐渐使睡觉变成了一件痛苦的事——翻身难，腹部也容易因为睡姿而受到压迫。此时，准爸爸可以巧妙地利用枕头帮助孕妈妈解决这一难题。

当孕妈妈躺在床上准备休息时，准爸爸可以往她的身体下塞一个枕头，用以支撑她的肚子和后背。如果妻子习惯侧睡，准爸爸也可以在她的双腿之间塞一个枕头。这样一来，孕妈妈不仅能提高睡眠质量，还对保持孕期舒适的心情大有帮助。

这种孕期专用的侧睡枕在市面有卖的，它可以帮助孕妈妈在侧睡时支撑肚子，同时又避免腹部两侧肌肉韧带过度拉伸。

营养食谱

松仁香芋

原料： 芋头350克，松仁20克，青、红椒各10克

调料： 食用油、吉士粉、三花淡奶、食盐、干淀粉各适量

做法

1．青、红椒洗净切成碎丁；

2．芋头去皮，切菱形块，拍上干淀粉、吉士粉，入油锅中炸至熟软；

3．锅留少许底油，倒入芋头块，青、红椒丁，加入食盐、三花淡奶、松仁，翻炒匀后用淀粉勾薄芡，装盘即成。

tips 松仁香芋不仅味美，更具有润肠通便之功效。

第19周——宝宝能听到说话声了

准妈妈：宝宝，今天给你买了好多漂亮的衣服、袜子、鞋子，妈妈觉得都很好看，你看，那么多小小的鞋子，还有可爱的袜子，啊，真想都买下来，结果遭到了你爸爸的阻止。

胎宝宝：妈妈，我现在大约15厘米，重240克左右。腺体开始分泌出一种黏稠的白色油脂状物质，这就是皮脂，具有防水作用，可防止我的皮肤长期浸泡在羊水中被腐蚀。我的大脑开始划分出嗅觉、味觉、听觉、视觉和触觉的专门区域。

孕妈妈的健康生活

◆居室不宜摆放过多花草，要保证良好的通风和清新的空气。

◆不宜久坐或久站，以避免下肢静脉曲张。坐时可将靠垫垫在腰部、背部或颈后位置，每工作1小时就要适当活动，休息一会。

◆每次看电视时间不宜超过2小时，中途要休息或活动几分钟，不要看紧张、惊悚的影视剧，应以轻松、娱乐消遣为主。

◆注意体重的增长，最好每周测量一次，体重过重和不增加都不正常，每个月增加0.5千克为好，不宜超过2千克。

如何在工作间隙做运动

妊娠期间，孕妇背部下方以及骨盆的肌肉会拉紧，长时间挺着肚子的"负荷"坐着工作，颈、肩、背及手腕、手肘酸痛的可能性要比平时多得多，所以，利用工作间隙做做运动非常有必要。

改善颈痛：颈部先挺直向前望，然后弯向左边并将左耳尽量贴近肩膀，再将头慢慢挺直，向右边再做相同动作。重复做2~3次。

改善肩痛：先挺腰，再将两肩往上耸尽量靠近

耳朵，停留10秒，放松肩部，重复动作2~3次。

改善"腹"荷：将肩胛骨往背内向下移，然后挺胸停留10秒，重复动作2~3次。

改善手腕痛及手肘痛：手部合十，将手腕下沉至感觉到前臂有伸展感，停留10秒，重复以上动作2~3次，接着再将手指转向下，将手腕提升至有伸展的感觉，并重复动作2~3次。

朗读吧

　　美国作家艾尔玛·邦贝克的《父亲的爱》，以朴实、平淡的笔调描述了不懂得怎样口头表达爱的父亲寓爱于平凡的日常生活中。父亲对孩子的爱也许不是直截了当的，其实他也无时无刻不在关注着你，我们并非感受不到。现在就让我们来感受这不一样的父爱吧。

　　爹不懂得怎样表达爱，使我们一家人融洽相处的是我妈。他只是每天上班下班，而妈则把我做过的错事开列清单，然后由他来责骂我。

　　有一次我偷了一块糖果，他要我把它送回去，告诉卖糖的说是我偷来的，说我愿意替他拆箱卸货作为赔偿。但妈妈却明白我只是个孩子。

　　我在运动场打秋千跌断了腿，在前往医院途中一直抱着我的，是我妈。爹把汽车停在急诊室门口，他们叫他驶开，说那空位是留给紧急车辆停放的。爹听了便叫嚷道："你以为这是什么车？旅游车？"

　　在我生日会上，爹总是显得有些不大相称。他只是忙于吹气球，布置餐桌，做杂务。把插着蜡烛的蛋糕推过来让我吹的，是我妈。

　　我翻阅照相册时，人们总是问："你爸爸是什么样子的？"天晓得！他老是忙着替别人拍照。妈和我笑容可掬地一起拍的照片，多得不可胜数。

　　我记得妈有一次叫他教我骑自行车。我叫他别放手，但他却说是应该放手。我摔倒之后，妈跑过来扶我，爹却挥手要她走开。我当时生气极了，决

心要给他点颜色看。于是我马上爬上自行车，而且自己骑给他看。他只是微笑。

　　我念大学时，所有的家信都是妈写的。他除了寄支票以外，还寄过一封短柬给我，说因为我没有在草坪上踢足球了，所以他的草坪长得很美。

　　每次我打电话回家，他似乎都想跟我说话，但结果总是说："我叫你妈来接。"

　　我结婚时，掉眼泪的是我妈。他只是大声擤了一下鼻子，便走出房间。

　　我从小到大都听他说："你到哪里去？什么时候回家？汽车有没有汽油？不，不准去。"爹完全不知道怎样表达爱。除非……

　　会不会是他已经表达了而我却未能察觉？

折花吧

　　孕妈妈利用闲暇时间，用皱纹纸来折一朵艳丽的康乃馨吧！

　　1.准备好图中的物品：绿色、粉红色皱纹纸，绿胶带，粗细铁丝，剪刀，双面胶等；

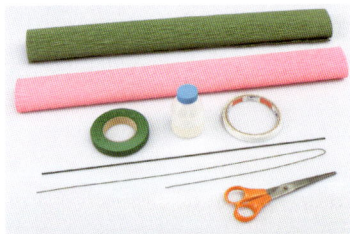

　　2.将粉红色皱纹纸剪两条12厘米宽的纸条；

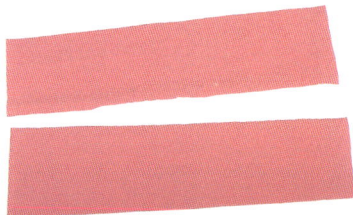

3. 将纸条对折后剪开；

4. 将纸条卷成细长条后再扭紧，使纸张变得更皱、更软，拆开纸张；

5. 准备一个半圆形的硬纸板，比画出差不多的长度，对折；

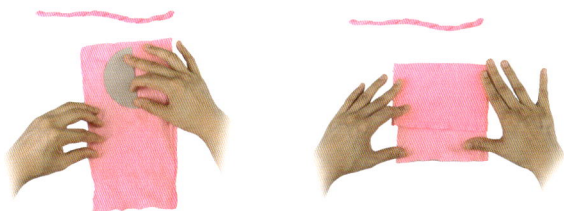

6. 再从右向左对折；

7. 比照硬纸板剪出半圆形；

8. 按此方法依次将纸都剪好，打开即成一个圆形；

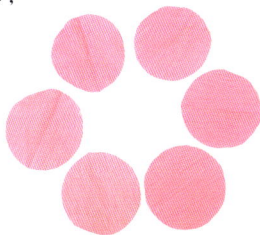

9. 将圆形纸对折两次呈扇形，再将扇形纸边剪成锯齿状；

10. 将扇形纸右边往左1/2处折叠，左边则向后折；

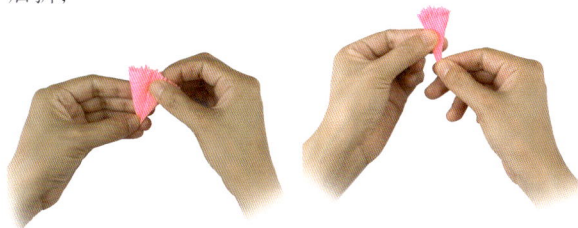

11. 将两处折叠处用剪刀剪开2/3，注意不要剪断；

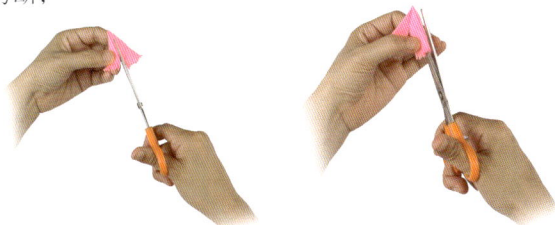

12. 将扇形纸都按以上方法剪好，打开后如图所示；

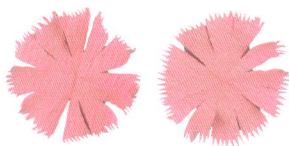

13. 将纸折回扇形；

14. 如图所示分别将中间拧紧；

15. 再打开，即成花瓣，将剩下的纸按此方法全部做好；

16. 将粗铁丝一头用钳子拧弯，再贴上双面胶，用铁丝将做好的花瓣串起，使之黏在双面胶上；

17. 将剩下的花瓣都串好；

18. 将一小张纸巾叠成细条状，包裹在花萼

处，用双面胶粘连好；

19. 用一小张绿色皱纹纸剪成较大的锯齿状；

20. 包裹住纸巾，再用胶水黏好，即成花萼；

21. 将绿色皱纹纸剪成两张一样的长条形，在一个纸上贴上双面胶，中间放上细铁丝，再贴上另一条纸；

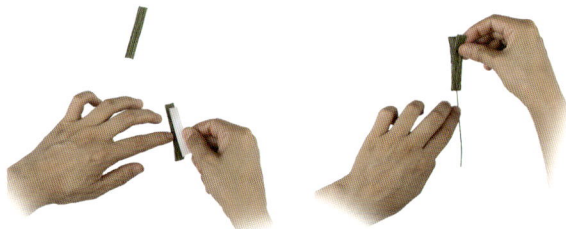

22. 用剪刀剪成细长的绿叶形；

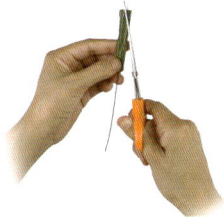

23. 按此方法做好3对从小到大的绿叶；

24. 用绿胶带将绿叶缠绕在铁丝上，再整理好绿叶；

25. 一朵漂亮的康乃馨即完成了。

准爸爸的参与

从妊娠中期开始，胎教对胎儿的健康成长就更为重要了，这时的准爸爸应积极配合孕妈妈做好胎教工作，在准妈妈做胎教时从旁予以协助。要经常和胎儿说话，给胎儿讲故事或为胎儿唱歌，说话的时候轻轻地抚摸孕妇的腹部效果会更好。

准爸爸还可以为孕妈妈进行按摩，这样不仅可以预防孕妇的妊娠纹和赘肉，而且也是向妻子积极表达爱意的一种方式。夫妻的感情良好，就是最好的胎教。

此时期，丈夫还要陪同妻子去医院进行产前检查。

营养食谱

百宝豆腐

原料： 嫩豆腐200克，新鲜玉米粒250克，青豆60克，胡萝卜100克，虾仁150克，香菇30克

调料： 食用油、食盐、水淀粉、香油、鸡精各适量

做法

1. 嫩豆腐洗净，胡萝卜去皮洗净，虾仁去泥肠洗净，香菇泡发后洗净，均切同样大小的丁；

2. 玉米粒、青豆洗净备用；

3. 锅中放油烧热，下入玉米粒、青豆、香菇丁、胡萝卜丁翻炒2分钟，加入适量水，煮沸5分钟，加入豆腐丁、虾仁丁，继续煮2分钟，加食盐调味，用水淀粉勾芡后淋入香油，最后加入鸡精即成。

第 20 周——像鱼一样轻轻地游动

准妈妈：宝宝，最近你可真好动，妈妈能感觉你像鱼一样在轻轻游来游去，一刻也不闲着。医生阿姨说你对子宫外的声音已经有反应了，那以后岂不是妈妈都不能和人说悄悄话了？

胎宝宝：妈妈，我长出头发了，牙齿正在发育，四肢已发育良好。感觉器官开始按区域迅速发育，神经元数量的增长开始减慢，但是神经元之间的相互联通开始增多，形成记忆与思维功能的神经联系也在增加。

孕妈妈的健康生活

◆此时是胎儿大脑开始形成的时期，应从饮食中充分摄取对脑发育有促进作用的食品，多吃如核桃、花生、松子、板栗等。

◆避免食用对胎儿不利的食物，如咖啡、腌渍食品、罐头食品、油条等，也不要贪凉多吃冷饮。

◆合理安排饮食，适当补充铁。

◆注意生活细节，保护好自己。

讲故事吧

今天孕妈妈给宝宝讲《瓜田李下》这个成语故事吧。

在古代，有一个人经过瓜田的时候鞋子掉了，他弯腰用手去提鞋，结果被别人误认为是要偷瓜田里的瓜。又有一个人，从李子树下经过的时候，帽子歪了，他用手扶正了一下帽子，被误认为是要偷李树上的李子。

有一首古诗《君子行》，他的开头四句：君子防未然，不处嫌疑间，瓜田不纳履，李下不整冠。意思是：那些有道德有修养的人，随时要警戒自己，防患于未然，不使

自己处于发生嫌疑的是非之地，从瓜田里路过，鞋子掉了也不要弯腰去捡，以避免偷瓜的嫌疑；从李子树下经过，帽子歪了也不要去扶正它，以避免产生偷李子的嫌疑。

做运动吧

孕妈妈除了每天坚持步行外，还可做一些保健体操。

1. 面对墙直立，两手撑墙，收臀部，手肘微屈，胸靠近墙，再用力推开，重复做5～10次，此动作可以锻炼胸和臂肌。

2. 两足分立，收臀，双膝放松，举双臂，两手在头上相握，手肘靠头侧，两臂向后伸，两手仍相握，然后回复原位，重复动作10～20次。此动作是锻炼肱三头肌。

3. 两足分立，慢慢下蹲10厘米左右，再起立，重复动作15次。此动作是锻炼腿部、臀部。

4. 背墙而立，双脚离墙8厘米远，两足分立，膝微屈，双肩及臀压向墙。尽量使背部贴紧墙，不要留空位。放松，再压，重复10次，到第10次时，屈双膝，背靠墙下滑10厘米维持姿势10秒，再伸直。重复5次。此动作是锻炼背肌与双腿。

朗诵吧

不第后赋菊

黄巢

待到秋来九月八，我花开后百花杀。
冲天香阵透长安，满城尽带黄金甲。

黄巢是唐末农民起义领袖，他曾屡试进士不第。这是他没有考中进士后所写。这首诗前两句写菊花开放的季节和情景，后两句写菊花开放的气势。用"我花"和"百花"对比，突出了菊花的坚强和自豪。后用"冲天香阵"、"黄金甲"表现菊花的威力和自信。这首诗赋予了菊花新的喻意：它有抵御风霜、高出百花的坚强品格和斗争精神，暗喻着诗人要打破唐王朝腐朽统治的战斗精神和远大的抱负。孕妈妈朗诵此诗后，再好好理解此诗所表达的意境，将之传递给宝宝。

听音乐吧

　　流行、古典、民间小曲轻快优美的旋律，对培育优质胎儿有着绝对的益处。宝宝沉浸在音乐的国度里，自然而无拘无束地感受所聆听的音乐，能进一步刺激宝宝大脑的发育，开发宝宝的心智。宝宝在舒缓的音乐中还能获得稳定而愉快的心情。那么，孕妈妈就来听一听这首《采蘑菇的小姑娘》吧。

　　采蘑菇的小姑娘，背着一个大竹筐，
　　清早光着小脚丫，走遍树林和山岗。
　　她采的蘑菇最多，多得像那星星数不清，
　　她采的蘑菇最大，大得像那小伞装满了筐。
　　赛罗罗罗罗罗罗赛罗里赛，
　　赛罗罗罗罗罗罗里赛罗里赛，
　　赛罗罗里赛罗罗里赛罗罗里赛罗罗里赛。

　　谁不知山里的蘑菇香，她都不肯尝一尝，
　　盼到赶集的那一天，快快背到集市上。
　　换上一把小镰刀，再换上几块棒棒糖，
　　和那小伙伴一起，把劳动的幸福来分享。
　　赛罗罗罗罗罗罗赛罗里赛，
　　赛罗罗罗罗罗罗里赛罗里赛，
　　赛罗罗里赛罗罗里赛罗罗里赛罗罗里赛。

准爸妈讲百科

相信在我们小的时候都曾经对天空中飘下来的一朵朵雪花感到好奇，你的胎宝宝将来也会对这个充满好奇心，今天的百科知识就讲雪花的形成。准爸爸要尽量用自己的语言来讲这些知识，讲之前轻柔地对胎宝宝说："宝宝，你想知道天空为什么下雪吗，爸爸今天就来告诉你。"

冬天温度相当低，地面的温度也都在零摄氏度以下，高空云层的温度因此就更低了。云中的水汽可以直接凝成小冰晶以及小雪花，这些雪花增大到相当程度时，气流就托不住它了，就会从云层里掉到地面上来，这就是下雪了。

因为有相当强的上升气流，空气的湿度非常大，雪花在云层里增大的时间也长，所以降下来的雪花就非常大。同时由于雪花面积大，受到的阻力也大，在空中飘扬，不会很快掉到地面上，因此在空中与其他雪花碰撞、粘连，愈聚愈大，快到贴近地面的时候，就是纷纷扬扬的大雪了。

如果是准爸爸在讲述，孕妈妈就一定要集中注意力听，而且尽量将准爸爸讲的内容，在大脑中形成一定的印象传递给胎宝宝，经过这种配合，胎教的效果就会更明显。

准爸爸的参与

研究发现，没有经过胎教的新生儿，对不熟悉的女性逗乐也会表现微笑，而爸爸逗乐则反而会哭。这正是孩子从胎儿期到出生后的一段时间里，对男性的声音不熟悉所造成的。为了消除孩子对男性包括对爸爸的不信任感，在孕期，准爸爸应对胎儿多讲话。

据研究，胎儿的听觉容易接收低频音，因而对准爸爸沉稳、低沉的声音很敏感。爸爸要经常和胎儿说话，给胎儿讲故事或为胎儿唱歌，就像对待一个已经出生的孩子一样。随便说些什么都好，从下班的时候"爸爸回来了"开始，以后话题就越来越多了，可以给胎儿说今天工作做了什么，路上遇到什么有趣的事，或者给胎儿唱首歌或读童话书都可以。刚开始的时候胎儿也许没什么反应，进行几次后，胎儿就能感知准爸爸和准妈妈的心情。还可以一边聊天一边轻轻抚摸孕妈妈的肚子。到一定的月数后，胎儿就会对爸爸的嗓音有感应，听到爸爸的声音会表现出兴奋。父子的对话是不可忽视的。如果爸爸经常和胎儿说话，那么胎儿出生后，与父亲的感情会非常好。

如果爸爸长时间不在家，可事先录一卷录音带，这样宝宝就可以随时听到爸爸的声音了。

营养食谱

粗粮大排

原料：猪排骨500克，小米80克，玉米粒80克，青豆、胡萝卜粒各50克

调料：食用油、食盐、酱油、料酒各适量

做法

1．将猪排骨洗净，加入食盐、酱油、料酒腌渍15分钟；

2．锅中放适量油烧热，将腌好的排骨放入炸至金黄，捞出沥油；

3．将小米淘净，加适量水放入锅中烧沸，改小火慢煲15分钟，加入玉米粒、青豆、胡萝卜粒、排骨，继续煲20分钟，最后调入少许食盐，煮入味即可。

第21周——宝宝长出指甲了

准妈妈：宝宝今天真淘气，妈妈抚摸肚子你就动，可是爸爸来摸肚子你就不动，就是不理爸爸，他都要生气了。咱下次还是给爸爸点面子吧，要不他不给你念书啦！

胎宝宝：妈妈，我现在体重增长可快了，手指和脚趾也开始长出指（趾）甲。而且能够听到妈妈的声音，所以妈妈要和我多说话。今天不要给我讲故事了，给我唱首歌吧，妈妈唱得可好听了！

孕妈妈的健康生活

◆下腹部的隆起逐渐明显，为防止腹部发冷及松弛，可使用束腹腹带或腹部防护套。

◆由于激素的分泌乳房开始胀大，最好选择较大尺码的胸罩，并做好乳头的保养。

◆肚子越来越大身体的重心也随之改变，很容易跌倒，并且容易疲倦。上下楼梯或登高时，应特别留意安全。

◆要经常散散步，或做适度的体操，以活动筋骨，并且要保证充分的休息与睡眠。

◆此时是怀孕期间最安定的时期，若要旅行或搬家，宜趁此时马上进行，但仍应避免过度劳累。

科学补充DHA

DHA（二十二碳六烯酸）、EPA（二十碳五烯酸）和脑磷脂、卵磷脂等物质合在一起被称为"脑黄金"。其中DHA是一种多价不饱和脂肪酸，它们存在于多种组织器官中，是构成细胞膜尤其是神经系统细胞膜和视网膜的重要组成成分，对胎儿大脑和视网膜的发育起着十分重要的作用。

对于孕妇来说，"脑黄金"有着很重要的双重

意义。首先，"脑黄金"能预防早产，增加婴儿出生时的体重。服用"脑黄金"的孕妇与一般产妇相比早产率下降1％。其次，"脑黄金"的充分摄入能保证婴儿大脑和视网膜的正常发育。

在孕期，DHA是优化胎儿大脑锥体细胞磷脂的构成成分。特别是在胎儿满5个月后，如果人为地刺激胎儿的听觉、视觉、触觉，会引起胎儿大脑皮层感觉中枢的神经元增长更多的树突，这就需要母体同时供给胎儿更多的DHA。DHA不仅对胎儿大脑发育有重要影响，而且还有助于视网膜光感细胞的成熟。就是说，DHA能令宝宝大脑聪慧、眼睛明亮。

DHA可从海洋食品中获得少量，特别是海鱼类，还有鸡、鸭、鸡蛋等，或通过专业营养品补充。

一般来说，鱼油类DHA制品在孕中期（孕20周后）至胎儿出生后6个月内服用效果最佳。因为在这个时期是胎儿大脑中枢的神经元分裂和成熟最快的时期，也是对DHA需要量最多的时期。在宝宝出生后，母亲可继续服用DHA，通过乳汁传递给孩子。

α-亚麻酸营养品的最好补充时间在孕晚期（孕28周后）至胎儿出生后6个月内，因为孕产妇在这个时期，可利用母血中的α-亚麻酸合成DHA，然后通过血液或乳汁输送给胎儿。

读书吧

大自然总是能带给人们最美的体验，朱自清的《春》抓住了春天的特点，准确、生动地用诗的语言描绘出了一副春回大地、万物复苏、生机勃勃的景象。小生命的到来，对于孕妈妈而言就像人生中的春天，为你带来了希望与喜悦。来朗诵下面这篇散文吧，孕妈妈也来感受这美好的春天景象。

盼望着，盼望着，东风来了，春天的脚步近了。

一切都像刚睡醒的样子，欣欣然张开了眼。山朗润起来了，水涨起来了，太阳的脸红起来了。

小草偷偷地从土里钻出来，嫩嫩的，绿绿的。园子里，田野里，瞧去，一大片一大片满是的。坐着，躺着，打两个滚，踢几脚球，赛几趟跑，捉几回迷藏。风轻悄悄的，草软绵绵的。

桃树、杏树、梨树，你不让我，我不让你，都开满了花赶趟儿。红的像火，粉的像霞，白的像雪。花里带着甜味儿；闭了眼，树上仿佛已经满是桃儿、杏儿、梨儿。花下成千成百的蜜蜂嗡嗡地闹着，大小的蝴蝶飞来飞去。野花遍地是：杂样儿，有名字的，没名字的，散在草丛里，像眼睛，像星星，还眨呀眨的。

"吹面不寒杨柳风"，不错的，像母亲的手抚摸着你，风里带来些新翻的泥土的气息，混着青草味儿，还有各种花的香，都在微微润湿的空气里酝酿。鸟儿将巢安在繁花嫩叶当中，高兴起来了，呼朋引伴地卖弄清脆的喉咙，唱出宛转的曲子，跟轻风流水应和着。牛背上牧童的短笛，这时候也成天嘹亮地响着。

雨是最寻常的，一下就是三两天。可别恼，看，像牛毛，像花针，像细丝，密密地斜织着，人家屋顶上全笼着一层薄烟。树叶儿却绿得发亮，小草儿也青得逼你的眼。傍晚时候，上灯了，一点点黄晕的光，烘托出一片安静而和平的夜。在乡下，小路上，石桥边，有撑起伞慢慢走着的人，地里还有工作的农民，披着蓑戴着笠。他们的房屋，稀稀疏疏的，在雨里静默着。

天上风筝渐渐多了，地上孩子也多了。城里乡下，家家户户，老老小小，也赶趟儿似的，一个个都出来了。舒活舒活筋骨，抖擞抖擞精神，各做各的一份儿事去。"一年之计在于春"，刚起头儿，有的是工夫，有的是希望。

春天像刚落地的娃娃，从头到脚都是新的，它生长着。

春天像小姑娘，花枝招展的，笑着，走着。

春天像健壮的青年，有铁一般的胳膊和腰脚，领着我们上前去。

动动手吧

现在，孕妈妈动手给宝宝画一幅可爱的图画吧。

按照以下步骤画鱼，画完后再给鱼儿涂上鲜艳的颜色，然后和宝宝一起好好欣赏一下自己新鲜出炉的"作品"吧。

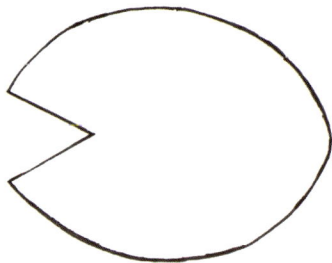

1. 先画一个椭圆形，前方开口为鱼嘴；

2. 再画上鱼的眼睛；

3. 画一个鱼尾及两个鱼鳍；

4. 将眼睛中间涂黑当眼珠，在背上画一个大的鱼鳍；

5. 一个卡通十足的鱼儿就画好啦，再涂上鲜艳的颜色吧。

准爸妈讲百科

今天爸爸要给宝宝讲讲世界上最高的动物——非洲长颈鹿。

生活在非洲东南部的长颈鹿成群地活动于大草原和半沙漠地带。它们生性胆小，对别的动物很友善，每当遇到天敌时，会立即逃跑。但如果遇到危险无路可逃时，它们也很勇敢。

长颈鹿跟牛一样会反刍，喜欢采食大乔木上的树叶，还吃一些含水分的植物嫩叶。它的舌头伸长时可达50厘米以上，取食树叶极为灵巧方便。由于脖子和腿很长，长颈鹿站立时，可高达6米，相当于三层高的楼房。由于腿部过长，长颈鹿饮水时十分不便。它们要叉开前腿或跪在地上才能喝到水。

其实长颈鹿的祖先并不高，主要靠吃草为生。后来，自然条件发生变化，地上的草变得稀少，它们为了生存，必须努力伸长脖子吃高大树木上的树叶。这样一代代延续下来，长颈鹿就变成现在这个样子啦。

准爸爸的参与

大多数孕妈妈在怀孕后皮肤色素加深，乳晕、外阴和大腿内侧等处颜色都会变深。有的孕妈妈面部还会形成蝴蝶斑，这是由于雌激素和孕激素刺激了垂体黑色素的分泌。准妈妈可能会因自己日益笨重的体形、妊娠纹等而感到沮丧，这时准爸爸就应该学会赞美妻子，要告诉她，她非常漂亮，你非常喜欢她现在的样子，她现在非常伟大，为孕育你们的宝宝而受累，自己为她感到自豪。这些话也许不被她当真，但会使她心情舒畅起来。

营养食谱

黑豆芽炒肉丝

原料： 猪瘦肉200克，黑豆芽250克，姜末、蒜末各少许

调料： 食用油、食盐、料酒、嫩肉粉、酱油、胡椒粉各适量

做法

1. 将猪瘦肉洗净切丝，加入食盐、料酒、嫩肉粉、酱油拌匀腌渍10分钟；

2. 炒锅上火，注入油烧热后下入姜末、蒜末爆香，倒入肉丝滑散，捞出备用；

3. 净锅再上火，烧热油后下入黑豆芽炒至将熟，加入肉丝一同翻炒匀，调入食盐、胡椒粉炒入味即可。

第22周——皱巴巴的"小老头儿"

准妈妈：宝宝，妈妈今天和爸爸一起去散步，看到了一个好可爱的小姐姐，她对你也很好奇，还摸了妈妈的肚子，你是不是也特别高兴有小朋友和你一起玩呢？那就快快长大吧，等你出生后就会有很多朋友的。

胎宝宝：妈妈，我现在长得还不算漂亮，你看到我可能会认为我是个皱巴巴的"小老头儿"呢，其实是因为我体重依然偏小的缘故，皮肤还没撑起来。当然这皱折也是为皮下脂肪的生长留有余地。此时我的眼睛已发育，眉毛和眼睑已经清晰可辨。

孕妈妈的健康生活

◆用餐后可喝一些柠檬水（在水中加上一片柠檬）或漱口，这样可令口腔保持湿润，还能刺激唾液分泌。

◆这段时期孕妈妈容易便秘，应该多吃富含纤维素的蔬菜水果，牛奶是一种有利排便的饮品，应多饮用。便秘严重时，最好请教医生如何改善。蔬菜和水果中含的维生素还可帮助牙龈恢复健康，防止牙龈出血。

◆注意不要摄入过多简单的糖类食品，注意能量平衡，否则易引发妊娠糖尿病。

◆应均衡摄取各种营养，以维持母体胎儿的健康，尤其是铁、钙、蛋白质的需要量应该增加，但盐分应有所节制。

孕妇居室不宜摆放过多花草

孕妇的卧室里摆放的花草不宜过多，因为有些花草会引起孕妇和胎儿的不良反应。如万年青、五彩球、洋绣球、仙人掌、报春花等接触后容易引起过敏反应。如果孕妇的皮肤触及它们，或其汁液沾到皮肤上，会发

生急性皮肤过敏反应，出现痛痒、皮肤黏膜水肿等症状。还有一些具有浓郁香气的花草，如茉莉花、水仙、米兰、丁香等会引起孕妇嗅觉不灵、食欲不振，甚至出现头痛、恶心、呕吐等症状。所以，孕妇的卧室最好不要摆放过多的花草，特别是芳香馥郁的盆花。

此外，花草在阳光下吸进二氧化碳，释放氧气，可是在夜间花草则是吸进氧气，放出二氧化碳，在夜间出现与人争夺氧气的现象。因此，孕妇室内即使养了少量花草，夜间也要搬到室外。

听音乐吧

《维也纳森林的故事》是小约翰·施特劳斯继圆舞曲《蓝色的多瑙河》之后的又一部杰作。这首乐曲由序奏、五个圆舞曲和尾声构成，其结构属于典型的维也纳圆舞曲式。

乐曲的开始是一段很长的序奏。两支圆号的旋律描绘了优美动人的风景，双簧管和单簧管吹出抒情流畅的曲调，像是牧人的牧歌和角笛。钟声的响起，给音乐增加了光彩。然后，大提琴缓缓奏出第一圆舞曲的主题，作为全曲的引子。大提琴浑厚的音调、圆号美丽的牧歌和长笛玲珑的装饰音节，

构成了一幅美妙且色彩斑斓的画面。奥地利的民间乐器齐特尔琴的加入更增添了浓厚的奥地利民族色彩，这种特色型乐器拨奏出这首圆舞曲中最主要的一段旋律，轻柔而华美，仿佛晨曦透过浓雾照进维也纳森林，还伴随着鸟儿们婉转的鸣叫。

五个圆舞曲中第一圆舞曲为F大调，描绘出了森林清晨的美景，及人们轻歌曼舞的场面。

第二圆舞曲为降B大调，由大提琴演奏出来。这段主旋律与前面序奏中的主题几乎完全相同，但节奏要快得多。

第三圆舞曲为降E大调，三部曲式。描绘的仍然是森林美景。

第四圆舞曲在降B大调上，二部曲式。前半部分轻快、流畅，旋律充满跳跃性；后半部分活泼、优雅，伴奏部分引人入胜。

第五圆舞曲为降E大调，这一部分不仅活泼，而且节奏性非常强，使得整个乐曲达到了最高潮。

乐曲的结尾部分很长，在这里依次出现了第四圆舞曲、第一圆舞曲和第二圆舞曲的主题。之后，序奏时的齐特尔琴动人的旋律重新出现，终止部分采用了乐队的合奏。这一切好似一个总结，引人再一次回顾维也纳森林的各种美丽景色。

动动手吧

在翻花绳的过程中，一个目的就是尽量顺利完成整套动作。只有眼明手快、头脑清晰、手指灵活，玩者才能变出花招，不然就会频频打结。翻花绳除了一个人自己玩，也可以两个人一起玩，变化的花式可以更多种类。所以，只要你有一条够长的绳子跟灵巧的双手并且找到了一个好伙伴，就可以玩出有趣又好玩的游戏。

孕妈妈在空闲的时间可以玩玩翻绳游戏，妈妈动手的同时也可以使大脑更灵活，这对胎宝宝的大脑发育也是有利的。下面就来教孕妈妈翻降落伞吧。

1. 如图，将绳子套在大拇指和小指上，孕妈妈的右手向下拉左手心的绳子；

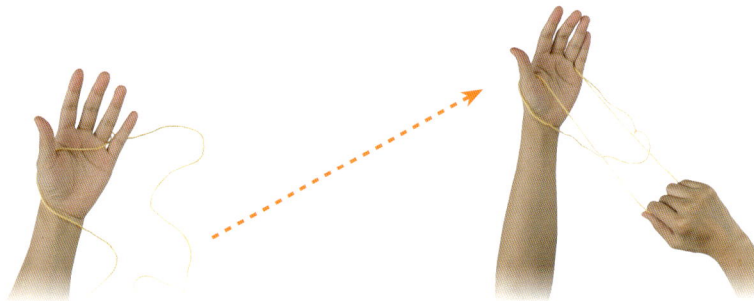

2. 孕妈妈的右手再向下拉左手心的绳子；

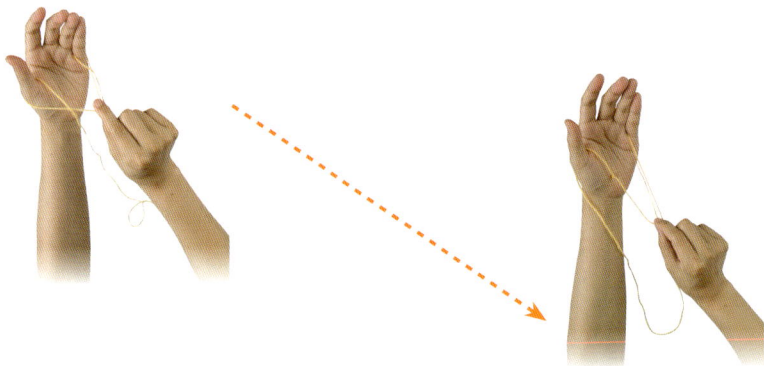

3. 孕妈妈用右手的拇指、食指由外向内套入左手拇指、小指所形成的小圈内，向下拉；

4. 孕妈妈左手的食指、中指、无名指向下，伸入右手挑起的3个孔中；

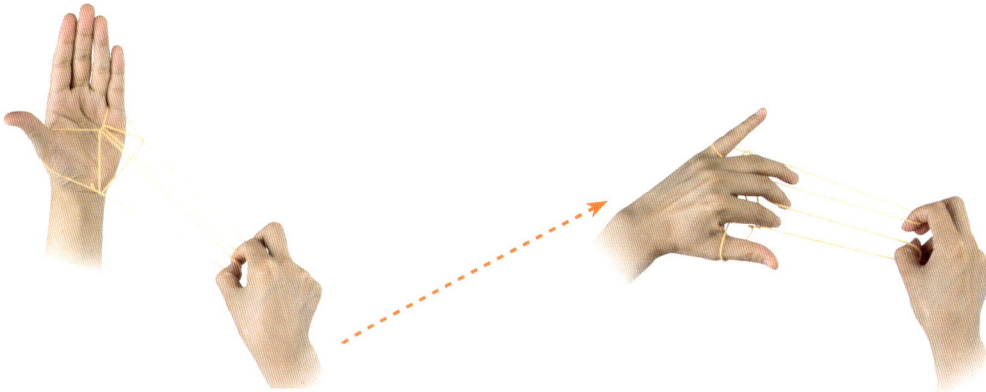

5. 孕妈妈的右手挑起左手心的绳子，向下拉后即成降落伞了。

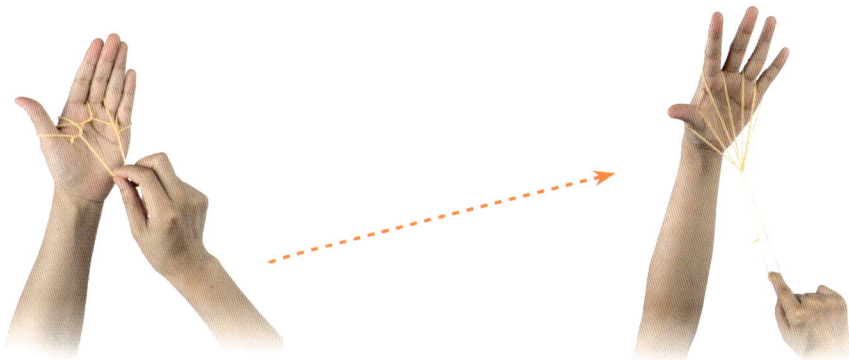

准爸妈讲百科

宝宝知道跑得最快的鸟是什么吗？那就是鸵鸟。跑不是鸟类的强项，能通过跑的方式行动的鸟类也是屈指可数，但也不能小看了能跑的鸟，它们跑起来的速度也是惊人的。

鸵鸟有一双长而粗壮的腿，而且脚趾也很粗大，趾底有很厚的角质化皮肤，这使得它在沙漠中奔跑时不至于陷进沙中。它还可以张开双翅保持平衡，头向前伸，这样的姿势让它迅疾如风。正是因为有了这些客观条件相助，鸵鸟能跑出60千米/小时的好成绩。

鸵鸟不仅在鸟类中享有"奔跑冠军"的称号，并且它还是鸟类中最大的鸟，其蛋也是最大的鸟蛋，相当于20多个鸡蛋的重量。

宝宝，等你长大了，爸爸会带你到动物园，看跑得最快的鸟——鸵鸟！

准爸爸的参与

准爸爸每天下班回家后都要以一种愉快的心情来面对妻子，即使遇到一些不愉快的事也不要在妻子面前表现出来，以免影响她的心情。在天气适宜的时候，可在每天晚饭后陪孕妈妈一起散散步。

准爸爸还可以偶尔给妻子一些惊喜，像给妻子送一些小礼物，给妻子带回一些她喜欢的食品等。让妻子有幸福的感觉，胎宝宝也会在妈妈肚子里轻松快乐地成长。

营养食谱

粉蒸三蔬

原料： 大米100克，南瓜、土豆各200克，油菜叶150克

调料： 食盐、香油各少许

做法

1. 大米淘净，放入搅拌机中打成粉末；
2. 南瓜去皮和子后切成片，土豆去皮洗净，切成块；
3. 油菜叶洗净，切成碎末；
4. 将油菜叶末、南瓜片、土豆块分别拌入大米末，撒入食盐、香油再拌匀，放入蒸锅蒸至熟软即可。

第23周——可以辨认妈妈的声音了

准妈妈：亲爱的宝宝，姥姥今天来看你啦，还给你买了礼物哦，好多漂亮的衣物，还有好可爱的宝宝图画，姥姥将宝宝图画贴在妈妈的卧室里，让妈妈天天看，说这样你会像图上的宝宝一样可爱、漂亮！

胎宝宝：妈妈，本周我的体重在400克左右，身长19～22厘米，我的听力基本形成，所以能辨别出妈妈的声音了，视网膜也已形成，具备了微弱的视觉。

孕妈妈的健康生活

◆此时双腿负担加重，易发生小腿抽筋，可多晒太阳，多食含钙丰富的食物，睡前应对腿和脚进行按摩，或用热水泡脚。

◆孕期易患水肿和高血压，不宜多吃盐。

◆不宜长时间使用手机，不宜戴隐形眼镜，以免给身体带来危害。

◆应始终保持轻松、愉悦的心情，不要有暴躁、怀疑、焦虑、忧郁等不良心理。

◆有计划地准备婴儿物品，不可太操劳，有些事可交待准爸爸去完成。

孕妈妈和胎宝宝的互动

从这周起，孕妈妈可以开始同胎儿玩"踢肚游戏"了。当发现胎儿踢肚子时，孕妈妈轻轻拍打儿下被踢部位，一两分钟后，胎儿会在拍打部位再踢。此时孕妈妈可以改变部位，在另一处轻轻拍打腹部儿下，注意改变的部位离上一次被踢部位不要太远。一两分钟后，胎儿也会跟着踢改变后的部位。这样的游戏每天进行2次，每次数分钟，这有助于孩子出生后站、走能力的发育，使孩子身体灵敏、健壮。

朗读吧

登鹳雀楼

（唐）王之涣

白日依山尽，黄河入海流。

欲穷千里目，更上一层楼。

从不同的角度去看风景，感受是完全不同的。"欲穷千里目，更上一层楼"不仅仅是欣赏美丽的风光，更引申成对自己的挑战。只有不断地往上攀登，不论是风光景物、知识学问，亦或是生活体验，都将出现更开阔的视野。

讲故事吧

今天孕妈妈给宝宝讲一讲《狡猾的狐狸》吧。

一个阳光灿烂的下午，两只小老鼠在草地上发现了一块美味的奶酪。小白鼠拿起奶酪就往嘴里塞，小灰鼠一把抢过奶酪说："是我先看见的，应该给我吃。"小白鼠说："是我先拿到的，应该给我吃。"路过的狐狸碰巧听到了他们的对话，也想吃那块美味的奶酪。

于是，狐狸假装路过，问道："你们在吵什么呀？"小老鼠们把奶酪的事告诉了他，狐狸说："我来帮你们把奶酪分成两半，这样你们就都能吃到啦！"小白鼠和小灰鼠同意了。

狐狸把奶酪分成了两半，两只小老鼠一看，左手那块大，右手那块小，他们都想要那大的。狐狸说："没关系，看我的！"狐狸说完，就把左手那块咬下了一大口。糟糕，咬得太多了，左手的那块变得比右手的那块小了。现在小白鼠和小灰鼠又都要想右手那块了。狐狸说："没关系，看我的！"说完，他又把右手的奶酪咬下了一大口。

就这样，狐狸左边一口右边一口，很快奶酪就只剩下豆粒般大小了，狐狸说："看来你们不够分了，

我来帮你们吃了吧！"说完，狐狸就把最后一点奶酪吃了，舔舔嘴唇，然后大摇大摆地走了。

小白鼠和小灰鼠因为吵架，最后一口奶酪也没吃到。小白鼠后悔地说："以后我们有好东西还是一块分享吧！"小灰鼠点点头说："嗯，我们再也不吵架了。"

动动手吧

今天孕妈妈来动手折一只小鸟吧，边折边告诉宝宝折叠的过程，就像宝宝在身边，你在教他折纸一样。

1. 取一张正方形的白纸，对折后得到一条虚线；

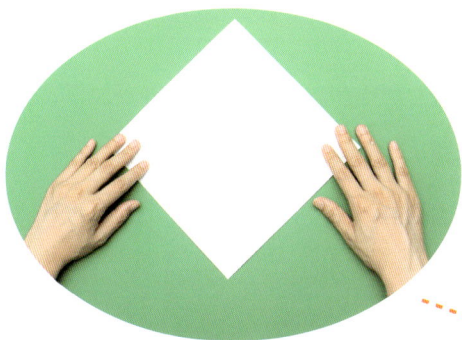

2. 将左右两边的角向中间的虚线折叠；

3. 再沿中间的虚线向反方向对折；

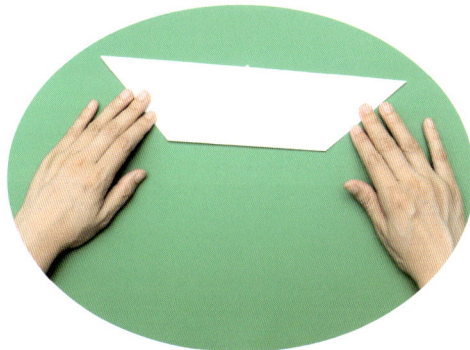

4. 将三角形的尖角朝上，从左边的纸从尖角处向下折；

5. 翻转过来，将线压实；

7. 将右边的纸按虚线折两折，成小鸟的尾巴；

6. 将朝上的尖角折成小鸟的嘴的形状；

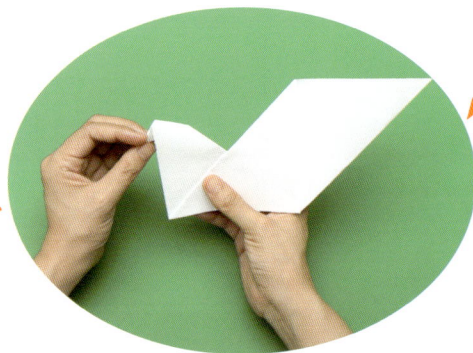

8. 再画上眼睛，一只小鸟就完成了。

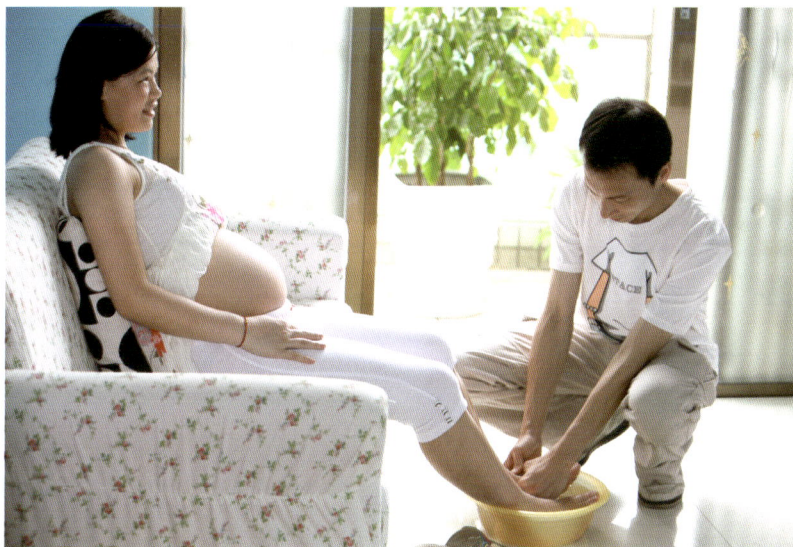

此时期孕妈妈易感到疲劳，这会间接对胎儿产生影响，丈夫应对妻子的手腕、脚等适当地进行按摩，特别是为了让孕妈妈的上半身和下半身的血液循环更加舒畅，四肢的按摩更不能少。晚上睡觉前，准爸爸可以帮妻子进行脚底按摩，以促进血液循环，还可以让孕妈妈用茶叶水浸泡双脚，这样有助于安神。

另外，也可配合妻子一同对乳房进行护理，以利将来哺乳。具体方法是：丈夫把手洗干净，用温热的毛巾轻轻擦拭妻子乳头的周围，然后用橄榄油或冷霜进行按摩。

营养食谱

清蒸鲈鱼

原料：鲈鱼1条（约450克），葱、红椒、姜各少许

调料：食用油、食盐、酱油、料酒各适量

做法

1. 将葱、红椒、姜均洗净切成细丝备用；

2. 将鲈鱼去鳞、鳃、内脏后洗净，在鱼身上划几刀，内外抹上适量食盐，摆入盘中，撒入葱丝、红椒丝、姜丝，淋入酱油、料酒，放入蒸笼内蒸8分钟；

3. 锅内烧少许油，油热后淋在鱼身上即可。

第24周 —外貌已像出生时的婴儿

准妈妈：宝宝，爸爸说妈妈为了养育你辛苦了，而你努力生长也非常辛苦，所以决定带我们去放松一下——去旅行！听到这个消息你一定又兴奋得手舞足蹈了吧？好，咱们收拾一下行李，带你去看美好的风景！

胎宝宝：妈妈，我的身体正在协调生长，大脑发育得非常快，味蕾现在也在发挥作用了。我的皮肤是半透明的，汗腺在形成，会咳嗽和打嗝，外貌已像出生时的婴儿，我在逐步变成为有意识的、对感觉有反应的人。

孕妈妈的健康生活

◆胎心能够直接反映小宝宝在子宫内的安危，平时应经常测量一下胎心，正常为每分钟120～160次。

◆定期进行产检和称体重，做好孕期监护，发现异常情况及时治疗。

◆随着孕周越来越大，腹部逐渐向前凸出，骨盆韧带出现生理性松弛，容易形成腰椎前倾，给背部肌肉增加了负担，易引起疲劳或发生腰痛。此时坐、站立、行走时保持正确的姿势，可减少这些不舒服症状的发生。行走时背要直，不弯腰，不驼背，不过分挺胸，不用脚尖走路。抬头，紧收臀部，保持全身平衡，稳步行走，可能时利用扶手或栏杆走路。站立时两腿平行，两脚稍微分开，重心落在两脚之中。坐椅子时要先稍靠椅子前边，然后移动臀部至椅背，深坐椅中，股和膝关节成直角，大腿呈水平状，这样坐不易发生腰背痛。

运动胎教

我们知道，散步是孕妈妈最好的运动方式，在散步的同时，还可以进行对话胎教和爱抚胎教。散步的时候，孕妈妈不时给胎儿讲有趣的故事或周围环境的变化等，可使胎儿在母体中就能了解外面的世界。母亲以平和的心态走在林荫小路上，可以对子宫产生规律性的按摩。研究发现，胎儿的大脑和皮肤有着密切的联系，因此刺激胎儿的皮肤也可以促进胎儿大脑的发育，刺激胎儿皮肤最好的方法便是有规律地抚摸子宫，所以孕妈妈也要经常抚摸肚子。

开动脑筋吧

孕妈妈再来猜儿道脑筋急转弯的题目吧，啼笑皆非的答案常常逗得人开怀大笑。在孕期经常猜一猜此类游戏，不仅能让孕妈妈开动脑筋，还能愉悦心情。

问题：

1. 世上什么东西比天更高？

2. 三个金叫鑫，三个水叫淼，三个人叫众，那么三个鬼应该叫什么？

3. 什么东西比乌鸦更讨厌？

4. 有一个人一年才上一天班又不怕被解雇，他是谁？

5. 你的爸爸的妹妹的堂弟的表哥的爸爸与你叔叔的儿子的嫂子是什么关系？

6. 有一个人，他是你父母生的，但他却不是你的兄弟姐妹，他是谁？

7. 为什么青蛙可以跳得比树高？

8. 你能做、我能做、大家都能做，一个人能做、两个人不能一起做。这是做什么？

9. 一种东西，东方人的短，西方人的长，结婚后女的就可以用男的这东西，和尚有但是不用它，是什么？

10. 早晨醒来，每个人都会去做的第一件事是什么？

11. 什么东西人们都不喜欢吃？

12. 小土走路从来脚不沾地，这是为什么？

13. 用椰子和西瓜打头哪一个比较痛？

14. 有一头头朝北的牛，它向右转原地转3圈，然后向后转原地转3圈，接着再往右转，这时候它的尾巴朝哪？

15. 黑人和白人生下的婴儿，牙齿是什么颜色？

16. 公共汽车上，两个人正在热烈的交谈，可围观的人却一句话也听不到，这是因为什么？

17. 什么东西越洗越脏？

18. 什么时候太阳会从西边出来？

答案：

1. 心比天高。

2. 叫救命。

3. 乌鸦嘴。

4. 圣诞老人。

5. 亲戚关系。

6. 你自己。

7. 树不会跳。

8. 做梦。

9. 人的姓。

10. 睁眼。

11. 吃亏。

12. 因为穿着鞋子。

13. 头比较痛。

14. 朝地下。

15. 婴儿没有牙。

16. 这是一对聋哑人，在用手语交谈。

17. 水。

18. 发誓的时候。

听音乐吧

肖邦的钢琴曲《降E大调夜曲》有着明朗的田园风格，其宽广如歌的旋律，摇摆荡漾而新颖的和声伴奏，表现了一种恬静安

逸的沉思意境，仿佛将人带入宁静的月夜之中，能使人忘却一切的忧愁和烦恼。此首乐曲对胎儿性格培养有好处，也适宜于晚间帮助孕妈妈和胎儿入睡。

准爸妈讲百科

　　宝宝，你知道天空是什么颜色的吗？天空一般是蓝色的，特别是当天气晴朗的时候。但是，天空并不总是蓝色的，有时它是蓝白相间的，可当暴风雨来临时，它就变成灰色的了，而在日落时，天空会变成橙红色。天空之所以会有这样色彩缤纷的变化，是因为阳光在大气层中发生了改变。

　　大气层就像一个巨大的圆球，紧紧地包住地球。它由许多看不见的气体分子和微小的颗粒组成，这些颗粒就像高楼大厦中的楼层一样，整齐地叠在一起。

　　阳光带着彩虹的所有颜色，红、橙、黄、绿、蓝、青、紫，穿过这层外壳照到大地上。

　　当穿过大气层时，一些颜色发生了很大的变化。这些颜色，也就是阳光，以波的形式照在我们身上。红光与黄光是长波，透射力强，可能毫无阻碍地直接照射到地面上，而蓝光是短波，会被大气层中大量的微小颗粒阻拦，例如空气中的灰尘及烟雾中的细小颗粒，这些微小颗粒会使蓝光发生反射，向四面八方散开。

　　因此，与红光和黄光相比，蓝光更容易在大气层中被反射、发散。由于大气层中被微小颗粒发散最多的就是蓝光，所以天空看起来就是蓝色的。

准爸爸的参与

　　从这时开始，应该为将来的分娩做准备了。此时孕妈妈的活动较晚期相比还比较方便，所以准爸爸应趁这个时候和孕妈妈一起准备好分娩用品，并布置好宝宝的房间。

准爸爸可列出一张所需物品的清单，再在合适的时候与孕妈妈一起逐一地购买宝宝的衣服、奶瓶等用品，当前需要的物品一定要购买，而有些物品在分娩以后再购买也不晚。注意，购物时要为孕妈妈的身体考虑，购物环境要选择宽敞、明亮的地方，长时间走动对孕妈妈的身体不利，所以不宜一次买齐所有物品，可分几次进行选购，总之，一切以孕妈妈不感到劳累为度。

营养食谱

菊花红枣粥

原料：菊花10朵，红枣20克，粳米80克

调料：红糖少许

做法

1. 红枣、粳米洗净后放入锅内，加适量清水，煮沸；

2. 改用小火煮至米粒软烂，放入适量红糖调味；

3. 熄火前撒入菊花再稍煮即可。

第25周——大脑发育的高峰期

准妈妈：宝宝，你爸爸听说现在是你大脑发育的高峰期，所以准备了好多菜，都是选用健脑食材，爸爸的厨艺也真不错，妈妈吃了很多，希望宝宝不要辜负爸爸妈妈的愿望，长成一个人见人爱的聪明宝宝！

胎宝宝：妈妈，本周我的身长约30厘米，体重600～700克。我舌头上的味蕾正在形成，大脑的发育进入了一个高峰期。此时大脑细胞迅速增殖分化，体积增大，而且现在已经可以看得见我的头发了。

孕妈妈的健康生活

◆着装要宽松，特别是裤子的腰部要肥大，但注意保暖，不宜穿着邋遢。

◆宜选择容易穿脱的鞋，鞋要松软、透气性好，有柔软而富有弹性的坡跟鞋较理想，不应选用合成革、牛皮、尼龙等材料做的鞋，最好是羊皮鞋或布鞋，鞋底应带有防滑纹，从此时开始，大多数孕妈妈有腿脚水肿现象，要选择比脚稍大一点的鞋为宜。

◆孕期经常进行面部按摩，能促进面部血液循环，使面部神经得到护养，有助于改善面部疲劳。

◆这个月胎儿需要大量的蛋白质，以使皮肤充满脂肪，孕妈妈则需要各种营养，特别是含铁丰富的食物来增加血容量和血红细胞，减轻贫血的症状，同时需要一些含碘丰富的食物，如各种海产品。

◆此时也是胎儿大脑发育的高峰，孕妈妈应多吃健脑食物，如核桃、玉米、鱼类、海藻类、鸡蛋、芝麻、香蕉、牛奶等。

运动吧

孕妈妈在怀孕期间可以做做孕妇操，孕妇操有以下目的及注意事项：

做孕妇体操的目的，大体可分两个：

▲防止由于怀孕期体重的增加和重心的变化等引起的肌肉疲劳和机能降低。具体地讲，做体操可解除腿部疲劳，减轻腰部的沉重感。

▲松弛腰部和骨盆的肌肉，为使将来分娩时婴儿能顺利通过产道等做好准备。

此外，由于认真坚持做孕妇体操，在精神方面也能增强自信心，在分娩的紧急时刻，会发挥出巨大的力量。

开始做孕妇体操时，要注意以下几点。

▲从怀孕8周左右开始，但如有流产先兆时，要遵医嘱。

▲绝对不要勉强，严禁做得过分，以不疲劳为宜。

▲在做体操前，先排尿、排便。

孕妇体操

◎脚部运动

通过脚尖和踝关节的柔软活动，增强血液循环的畅通，而且对强健脚部肌肉也是行之有效的。

坐在椅子上，腿和地面呈垂直状态，两脚并拢，脚掌平放在地面上，脚尖使劲向上翘，待呼吸1次后，再恢复原状；把一条腿放在另一条腿上，上侧脚的尖，慢慢地上下活动，约2分钟后两腿位置互换，同样的进行练习2分钟。每日数次，每次4分钟左右。

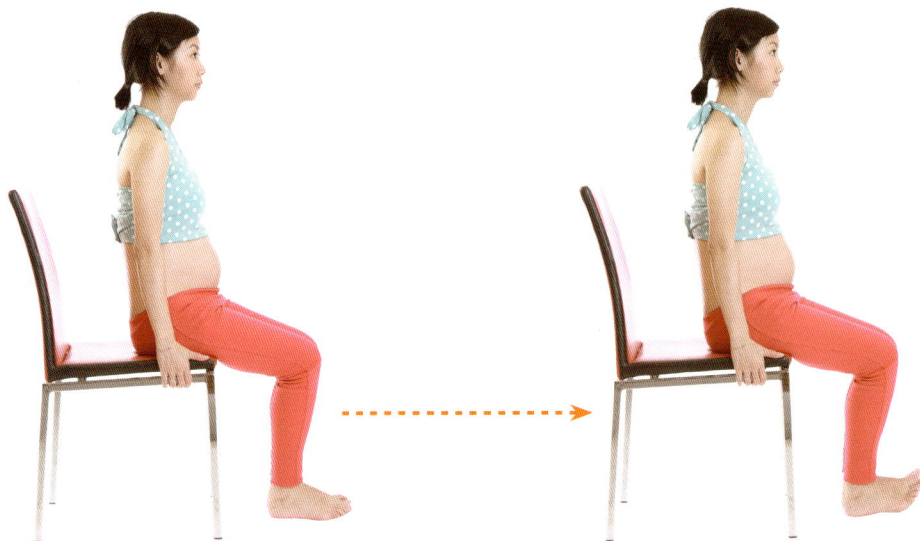

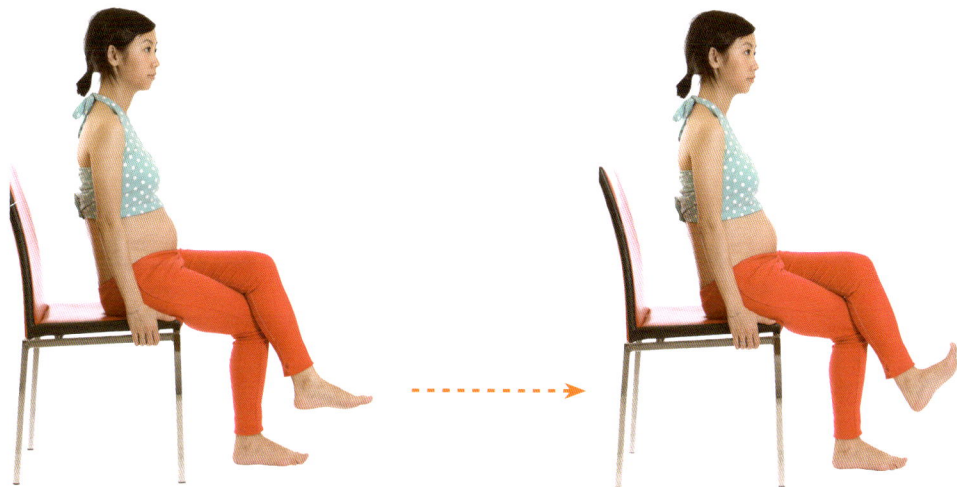

◎盘腿坐运动

这项运动可以松弛腰关节，伸展骨盆的肌肉。可使婴儿在分娩时容易通过产道，顺利生产。

盘腿坐好，精神集中，把背部挺直，收下颚，两手轻轻放在膝盖上（双手交叉按膝盖也可以），每呼吸1次，手就按压1次，反复进行。按压时要用手腕按膝盖，一点一点用力，尽量让膝盖一点点接近地面。

运动时间可选在早晨起床前、白天休息时或晚上睡觉前，每次做5分钟左右。

◎扭转骨盆运动

这项运动能够加强骨盆关节和腰部肌肉的柔韧性。

仰卧，双肩要紧靠在床上。屈膝，双膝并拢，带动大小腿向左右摆动，要有节奏地慢慢运动。接着，左脚伸直，右膝屈起，右脚平放在床上。右腿的膝盖慢慢地向左侧倾倒。待膝盖从左侧恢复原位后，再向右侧倾倒，以后左右腿可交错进行。

最好在早晨、中午、晚上各做5～10次。

◎振动骨盆运动

该项运动除了松弛骨盆和腰部关节外，还可使产道出口肌肉柔软，并强健下腹部肌肉。

先仰卧床上，后背紧靠床面上，屈双膝，脚掌和手掌平放在床上。腹部呈弓形向上突起，默数10下左右，再恢复原来体位。

然后四肢着地，低头隆背，使背部呈圆形。抬头挺腰，背部后仰。上半身缓慢向前方移动，重心前后维持不变，一呼一吸后复原。反复多做此动作，早晚各做5～10次。

唱歌吧

今天孕妈妈来唱一首欢快的儿歌——《数鸭子》吧！

白：
门前大桥下，
游过一群鸭，
快来快来数一数，
二四六七八。

唱：
门前大桥下，
游过一群鸭，
快来快来数一数，
二四六七八。

嘎嘎嘎嘎真呀真多呀，

数不清到底多少鸭，

数不清到底多少鸭。

赶鸭的老爷爷，

胡子白花花，

唱呀唱着家乡戏，

还会说笑话。

小孩小孩快快上学校，

别考个鸭蛋抱回家，

别考个鸭蛋抱回家。

准爸爸的参与

准爸爸要帮助孕妇做好孕期监护，这是义不容辞的责任。有一些事情是准爸爸必须亲力亲为的：

◎量宫底

宫底升高的速度，反应了胎儿生长和羊水等的状况，如果增长过快或过慢，都应请医生检查。从怀孕20周开始，每周都要量1次宫底。正常情况下，宫底高度每周应增加1厘米。到怀孕36周时，由于胎头进入孕妇骨盆，宫底上升速度减慢，或略有下降。

测量方法为：孕妈妈排尿后，仰卧在床上，两腿屈曲。准爸爸用卷尺来测量妻子耻骨联合上缘到子宫底的距离。

◎称体重

从妻子怀孕28周后，每周要测量1次体重。一般孕妇每周体重增加0.5千克左右。孕妇的体重过重或不增加，都是不正常的表现，应及时到医院，请医生检查诊治。

营养食谱

桃仁甜豆

原料：甜豆250克，核桃仁150克

调料：食用油、食盐、味精、水淀粉各适量

做法

1. 将甜豆去筋洗净，入沸水中余熟，捞出沥去水分；

2. 锅中放油烧热，下入核桃仁和甜豆，翻炒匀后加食盐、味精调味，用少许水淀粉勾薄芡，芡熟即可出锅。

第26周——胎宝宝的脊柱越来越坚韧了

准妈妈： 宝宝，今天和爸爸玩"捉迷藏"玩得开心吧？当你在妈妈肚皮上轻踢某处时，爸爸就在那处轻轻拍一下，可你却换个地方再踢，爸爸再追，两人玩得不亦乐乎。妈妈想，宝宝出生后一定也非常喜欢和爸爸一起做游戏吧？

胎宝宝： 亲爱的妈妈，我的脊柱越来越坚韧了，脂肪在迅速累积，以帮助适应离开子宫后外界更低的温度，肺也正在发育，继续在羊水中小口地呼吸，为出生后第一次呼吸空气打好基础。

孕妈妈的健康生活

◆7个月后不要再乘坐飞机。孕期也要少驾驶汽车，特别是长途行驶。

◆尿频是孕期正常现象，千万不要憋尿，睡前别喝太多水，以免因频繁入厕而影响睡眠。

◆重视水的饮用，养成良好的饮水习惯，晨起后喝一杯新鲜的凉开水。忌口渴才饮水，科学补水对母婴均有益。

◆保持皮肤清洁很重要，夏季要增加洗脸次数，外出后要洗脸。

◆夏季外出要戴帽子或伞，抹些防晒霜。

听音乐吧

孕妈妈来欣赏一首具有浓郁的维吾尔族民间音乐风格的小提琴曲《新疆之春》吧。此曲为马耀先、李中汉作于1956年。

《新疆之春》为单三部曲式。第一部分的主题强劲有力，在双弦上演奏舞蹈性节奏的旋律，以表现人们跳起欢乐的手鼓舞的情

景，音乐进入高潮后，突然引入一段以左手拨弦、和弦音型以及快弓奏法交替出现的华彩乐段，然后进入主题再现的第3部分。整个乐曲奔放流畅，潇洒自如，具有鲜明的维吾尔民族音乐风格，反映了解放后新疆人民欢欣、酣畅的生活情趣。

此曲热情奔放的特征能给孕妈妈带来愉悦的好心情，同时也能给予胎宝宝有益的刺激，利于其身心的良好发育。

朗读吧

俗话说童言无忌，童言最是天真、有趣，孕妈妈和宝宝一起朗读几段儿童笑话，不仅可以愉悦心情，还能起到语言胎教的作用。

头上长出橘子树

宝宝不小心吞下一粒橘子核，邻居小弟弟对他说："你千万别喝水，我哥哥说种子获得了水分和养料，就会发芽、生长，你要是喝了水，头上就会长出橘子树来。"

蚊子提灯笼来咬我们

有一天晚上，兄弟俩在睡觉，蚊子很多。哥哥说："把灯关掉，蚊子就找不到我们了。"

后来飞来了一只萤火虫，弟弟就赶快把哥哥摇起来说："哥哥，哥哥！你看蚊子提灯笼来咬我们啦！"

我要1%

爸爸买了1个大西瓜，儿子叫来了两个小伙伴分瓜吃。

俩小伙伴一个说："我要1/2。"另一个说："我要1/3。"

儿子大急，说："这瓜是我爸买的，我要多分点，我要1%。"

把胡子根挖出来得了

女儿看到爸爸天天刮胡子，就好奇地问："你的胡子怎么每天都要刮？"

爸爸说："这胡子跟韭菜一样，一天不刮就会长出来。"

女儿想了想，很认真地说："把胡子的根挖出来不就得了。"

准爸妈讲百科

宝宝知道啄木鸟吗？好，先让妈妈给你看一下啄木鸟的图画。恩，这就是啄木鸟，啄木鸟总是不停地啄着树，所以才叫啄木鸟。可是宝宝，你知道啄木鸟为什么会啄树吗？

啄木鸟是在啄开树皮，吃掉藏在树皮里的虫子。其实，啄木鸟除了吃虫子，它啄击树干还是吸引异性、聊天、划分领地的表现。

啄木鸟总是将蛋产在树洞之中，而不是像大多数鸟那样将蛋产在巢里。啄木鸟会为自己选择一根内部已经腐烂了的树干，这样可以省点力气，因为对付一根健康、坚硬的树干要耗费许多工夫。雄鸟和雌鸟会轮流负责建造新家的工作，它们用力地啄击树皮，逐渐深入树干。2～3个星期后，温暖的家就完工啦。

宝宝，等你长大后，爸爸会带你去看啄木鸟，让你听一听他们啄击树皮的声音。

动动手吧

爸爸在给宝宝讲啄木鸟的故事，孕妈妈也折一只可爱的啄木鸟送给宝宝吧。

材料准备：正方形纸1张、剪刀、笔

步骤：

1. 将正方形纸对角对折，得到一条虚线，再将左右两角向虚线对折；

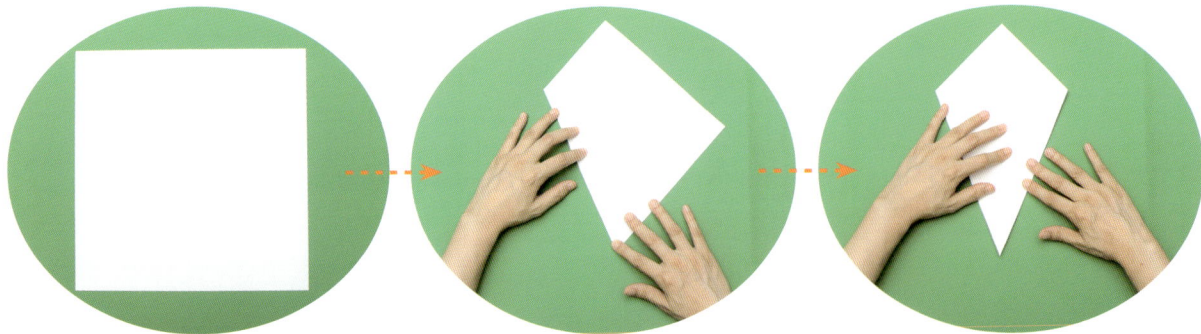

2. 将另一边的两角也向虚线对折；

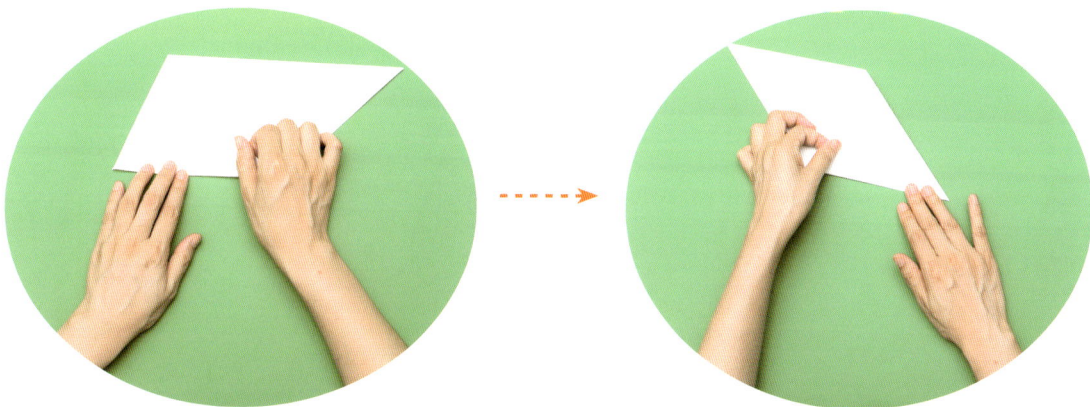

3. 向后对角折；

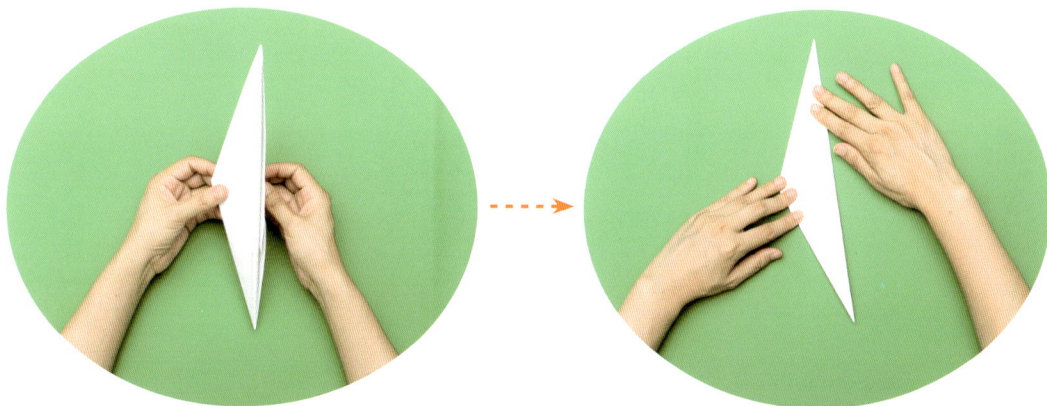

4. 压折出头部，再用剪刀在下部剪开3厘米，向前后折，即成脚；

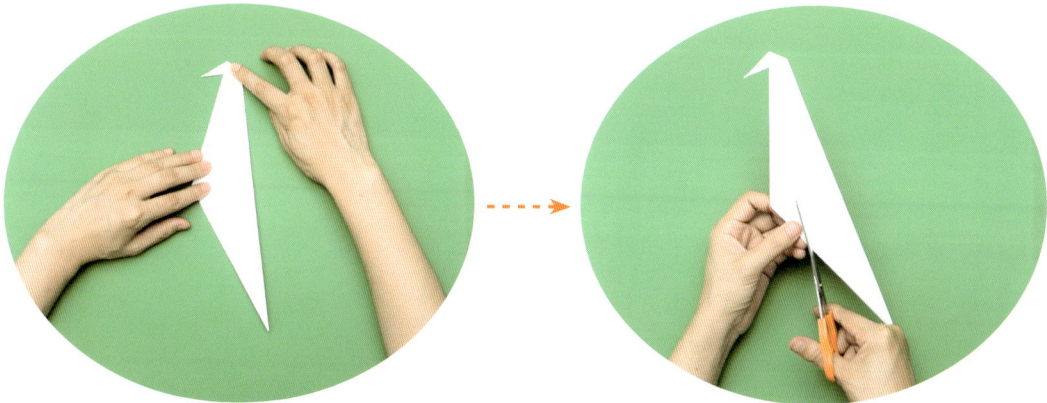

5. 最后画上眼睛，一只啄木鸟即完成了。

准爸爸的参与

　　到了孕中期，胎儿发育已趋向成熟，孕妈妈身体已能充分适应怀孕状态，而且没有了妊娠反应的影响，此时期孕妈妈的情绪稳定，身体健康，准爸爸应该趁此时机带孕妈妈做几次短途旅行，既能调节身心，也是一种很好的胎教。

　　准爸爸首先要制订旅行计划，注意要选择空气清新、宁静的地方，这样对胎儿有好处。旅行不一定要去离家较远的地方，离家较近的一些合适的场合就行，注意行程不要安排得太紧凑，千万不要让孕妈妈和胎宝宝过度劳累。孕妈妈在旅行中愉快地呼吸新鲜空气，肚子里的宝宝也会感觉心旷神怡。如果在旅行中夫妻俩经常讨论腹中的小宝宝，不仅可以增进夫妻间的感情，这种经历还会成为以后的美好回忆。

营养食谱

水果沙拉

原料：苹果、梨、香蕉、西瓜、圣女果、杨桃、猕猴桃各100克

调料：沙拉酱100克，橄榄油50毫升，蛋黄酱50克

做法

1. 先将苹果、梨、香蕉、西瓜去皮切小块，其余水果洗净切片待用；

2. 将沙拉酱、蛋黄酱、橄榄油调匀，拌入水果中即可食用。

第**27**周——宝宝会做梦了

准妈妈：宝宝，今天是周末，你爸爸要带我们去公园照相，你爸爸可是摄影爱好者哦，今天特意借了高档相机，要给你来个"胎儿写真"，妈妈穿了漂亮的衣服，走，咱们拍照去！

胎宝宝：妈妈，我的身体现在长得很大，已经大得快碰到子宫壁了。你的腹壁变得更薄，所以外界的各种声音都可以传达到我的耳朵里，我在子宫内开始会记忆听到的声音。还有，告诉你一个好消息，我今天做梦啦！你问做的是什么梦？对不起，我忘了，呵呵。

孕妈妈的健康生活

◆ 重视口腔卫生，除刷牙、漱口外，可适当使用口香糖清洁牙齿。

◆ 工作不可太劳累，少使用公用电话以防细菌传染，少用复印机，因为复印机在启动时会释放一种有毒气体。

◆ 不宜滥服鱼肝油，少食热性食物，少食高糖食物。

◆ 让家人帮忙或自己多按摩手臂、脊背、腿和脚，以缓解身体不适。

◆ 配合身体的变化选择合适的衣服、鞋子、袜子，应宽松不束缚。

孕期如何缓解疲劳

妊娠后，由于孕妇的身体承受着额外的负担，所以很容易疲劳，这种疲倦感在孕早期和孕晚期尤为明显。下面给孕妇介绍几种减轻疲劳的方法：

1.当孕妇觉得疲劳时，可以坐在椅子上，挺直背脊做腹式呼吸。腹式呼吸对孕妇和胎儿均有益，常做腹式呼吸，在分娩时对于阵痛的缓解也很有帮助。做腹式呼吸的同时孕妇会分泌少许使精神松弛的激素，这种激素传给胎儿时，可以使胎儿的心情变得安稳。腹式呼吸法的正确姿势是背部挺直紧贴在椅背上，膝盖立起，全身放松，双手轻放在腹上，想象胎儿目前正居住在一个宽广的空间内，然后用鼻子吸气，直到腹部鼓起为止。吐气时稍微将嘴撅起，慢慢地用力将体内空气全部吐出，吐气时要比吸气更为缓慢且用力。可以经常练习，每天做3次以上，要持之以恒。早上起床前、中午休息时间、晚上睡觉前各做1次，尽量放松全身。

2.孕妇可以和家人、朋友聊聊天，说说话。聊天不仅可以释放和减轻心中的种种忧虑，还可以获得一些知识，这是一种排解烦恼、有益身心健康的好方法，它可以转移孕妇的注意力，让孕妇忘却身体的不适。

3.孕妇还可以到室外散步，甚至一边欣赏一些优美抒情的音乐，一边感受大自然的美妙，这样可以调节孕妇的情绪，从而达到缓解疲劳的效果。

学习吧

从现在开始，胎宝宝就要学习新的知识了。

孕妈妈可以制作一些卡片，把数字和一些笔画简单、容易记忆的字制成颜色鲜艳的卡片，卡片的底色与卡片上的字分别采用对比度鲜明的不同颜色，如黑和白、红和绿等。总之，应鲜艳醒目，使人一目了然。训练时母亲应精力集中、全神贯注，两眼平视卡片上的文字，一边念，一边用手沿着字的轮廓反复描画。每天抽出一定的时间定时进行，不断重复，反复强化。久而久之，将有助于条件反射的形成，对胎儿有益。

今天，我们就来学习数字"1"吧。如图，在一张纸上写上数字"1"，涂好颜色之后，按上述方法沿数字轮廓反复描画，然后孕妈妈可以一边看一边念"1像铅笔细又长"。

孕妈妈还可在脑海中联想，"1"还像什么呢，"像筷子""像妈妈的手指"，将这些形象在头脑中传递给宝宝，以加深宝宝对"1"的印象。

唱歌吧

孕育专家说，孕妈妈的歌声是最好的音乐胎教，而最适合孕妈妈唱的歌是摇篮曲。孕妈妈唱摇篮曲，腹中的胎儿也会学着"歌唱"，这种有氧运动能刺激胎儿脑细胞的生长、提高其运动的活力、改善母体和胎盘，对母婴均有利。

摇篮曲不同于其他歌曲，它是具有催眠特性的典型乐曲，通常以摇摆节奏的6/8拍写成。它曲调平和，节奏缓慢，所以最容易使宝宝安静下来，而且很快进入睡眠状态。摇篮曲既能促进宝宝健康发育，还会增加宝宝的想象力，为宝宝的音乐启蒙打下良好基础。

哄宝宝睡觉最好的办法是唱摇篮曲，当胎儿出生后，听到曾在妈妈肚子里听过的熟悉的摇篮曲，会更容易入睡。所以，孕妈妈在孕期经常唱一唱摇篮曲是很有必要的。

摇篮曲

睡吧！ 睡吧！ 我亲爱的宝贝，
妈妈的双手轻轻摇着你，
摇篮摇你 快快安睡，
夜已安静， 被里多温暖。

睡吧！ 睡吧！ 我亲爱的宝贝，
妈妈的手臂永远保护你，
世上一切幸福愿望，
一切温暖，全都属于你！

睡吧！ 睡吧！我亲爱的宝贝，
妈妈爱你妈妈喜欢你，
一束百合一束玫瑰，
等你睡醒，妈妈都给你。

准爸妈讲百科

今天爸爸要给宝宝讲一讲很可爱的动物——树袋熊。

树袋熊又叫考拉、无尾熊、可拉熊，生活在澳大利亚，既是澳大利亚的国宝，又是澳大利亚奇特的珍贵原始树栖动物。它虽然叫树袋熊，长相也酷似小熊，有一身又厚又软的浓密灰褐色短毛，但它并不是熊科动物，而且它们相差甚远。

树袋熊性情温顺，体态憨厚，深受人们喜爱。它没有尾巴，这是因为它的尾巴经过漫长的岁月已经退化成一个"座垫"，因而能长时间舒适潇洒地坐在树上。它多数时间呆在高高的树上，就连睡觉也不下来。以桉树叶和嫩枝为食，除了生病和干旱的时候喝水，其他的时

候从不喝水，因为它们从取食的桉树叶中能获得所需的水分。

和袋鼠一样，刚生出来的树袋熊很小，不足1寸，体重仅5.5克重，在母亲腹部的育儿袋中生活6个月后爬到母亲的背上生活，当长到1岁时便会离开母亲独立生活。

好，我们来看看可爱的树袋熊的照片吧。

准爸爸的参与

孕妈妈每天的睡眠时间应该保持在8小时以上，并且还要注意睡眠的质量。为了保证孕妈妈睡得更沉、睡得更香，准爸爸应该做到如下几点：

1. 保持室内安静、整洁、舒适，而且空气也要新鲜。
2. 提醒妻子睡觉前2个小时之内不要大吃大喝，也不要饮用刺激性的饮料。
3. 晚上睡前用温水帮助孕妈妈泡泡脚。

若妻子夜间难以入眠，准爸爸不能独自入睡，应该给她做一些按摩，具体方法是准爸爸用双手的食指推抹孕妈妈的前额，或用拇指推擦太阳穴，反复进行30次左右。还可以陪她聊聊天，增进彼此的感情。这样可以让她解除烦恼，从而保证睡眠，促进健康。

营养食谱

奶香芝士焗金瓜

原料： 小金瓜1个（约1500克），芝士200克，黄油100克，蒜蓉50克

调料： 食用油适量，淡奶油50克，白糖50克，葱花5克

做法

1. 先将小金瓜洗净，切成12等份的月牙形，去子，上蒸锅蒸10分钟，取出待用，蒜蓉下油锅炸至呈金黄色，捞出放在吸油纸上晾凉待用；

2. 锅烧热，放入黄油，接着下淡奶油、白糖、芝士调成芝士酱；

3. 将蒸好的小金瓜摆入烤盘中，放入调好的芝士酱，撒上炸好的蒜蓉，再撒点小葱花，入烤箱上火150度焗5分钟即可食用。

tips 蒸小金瓜时可以包入保鲜膜再蒸，时间不能过长，不然形状不完整了。

第 28 周——胎宝宝的性格开始有所显现

准妈妈： 宝宝是不是觉得妈妈的肚子有点小了，地方不够住？所以总是动来动去换姿势，一会儿用小手、小脚又踢又打，一会儿翻个身，把我的肚子顶得一会儿这里鼓起来，一会儿那里又鼓起来，闹腾得妈妈都不能好好睡觉了。

胎宝宝： 报告妈妈一个重大消息，我可以睁开眼睛了！我的睫毛也已经完全长出来了。如果子宫外有长时间的亮光，我现在会把头转向光束哦，所以你偶尔可用手电筒照照我。我的大脑的思维部分快速发育，此时已能感到疼痛，味觉感受敏锐。

孕妈妈的健康生活

◆这段时期容易便秘，所以最好养成每天定时排便的习惯，吃一些含高纤维的蔬菜和水果，每日食用一勺蜂蜜也是有效预防便秘的方法，同时还要进行适当的运动。

◆妊娠后期下肢多发生水肿，不过，一般经卧床休息后，这种水肿大多能自动消退，如经卧床休息后仍不能消退的，应该立即去医院就诊。

◆如果孕妈妈身体受凉，特别是腰、腹部，会使腹部淤血导致流产或早产，可使用覆盖式内裤，不仅能保暖，而且还可自行调节松紧度。

◆保证充足、优质的睡眠，可使脑下垂体分泌更多的生长激素促进胎儿发育。

色彩胎教

色彩能够影响人的精神和情绪，它作为一种外在的刺激，通过人的视觉产生不同感受，给人以某种精神作用。孕妈妈因体内激素的变化，往往性情急躁，情绪波动较大。因此，有意识地多接触一些偏冷的色彩，如绿色、蓝色、白色等，有利于情绪稳定，保持淡泊宁静的心境。

要使腹内小宝宝安然平和地健康成长，

不宜多接触红、黑等色彩，以免产生烦躁、恐惧等不良心理，影响胎儿生长发育。在布置孕期居室、选购日常用品及居家旅行时，要有意识地注意这个问题。

唱歌吧

《找朋友》是首脍炙人口的儿歌，孕妈妈可以一边唱一边轻拍肚皮。

找朋友

找哇找，找哇找，
找到一个好朋友，
敬个礼来握握手，
你是我的好朋友。
再见！

讲故事吧

今天妈妈要给宝宝讲的故事是——《狮子和老鼠》。讲完这个故事之后，妈妈还可以告诉宝宝：《狮子和老鼠》的故事告诉我们，尺有所短，寸有所长。永远不要小看那些看起来比你弱小的朋友。他们也许平时看似微不足道，但却有可能在我们身处困境的时候提供巨大的帮助哦。

一天，一只小老鼠外出觅食，不小心中了机关，被关进了捕鼠器里。这时，正好一头狮子经过，小老鼠于是向狮子求救："狮子！狮子！请您救救我吧！"狮子善心大发，救出了小老鼠。小老鼠向狮子敬礼，并感激地表示："我会铭记您的大恩，日后一定报答您。"

狮子感到好笑："老弟，你一只小小的耗子还能帮我什么忙？"狮子是万兽之王，他有健壮的四肢，锋利的爪牙，草原上没有什么动物能和他抗衡，所以，狮子对小老鼠的话不以为然。

一个星期后，狮子掉进了猎人埋伏的捕兽网里。他又蹦又跳，大吼大叫也无济于事。这时，小老鼠听

到了狮子的吼声，他赶来对狮子说："请你稍等一会，现在该我来搭救您了。"狮子懊丧地说："捕兽网连我都打不开，你连把刀子都没有，如何救我？"小老鼠没再说什么，只是用他的牙齿慢慢将捕兽网啃开了一个大洞。狮子很快钻出了捕兽网，他高兴地喊了一声："自由万岁！"

准爸妈讲百科

今天爸爸给你讲一个有趣的动物，一种非常懒的小动物——树懒。

树懒生活在南美洲的热带森林中，它成天倒挂在树上，一动也不动，即使移动，也像慢镜头一样，速度慢得惊人。它即使饿了，也不会比乌龟爬得更快。由于懒，它一星期也只撒一次尿、排一次便。它的皮毛上会长出绿藻，它的行动比绿藻的生长速度还慢，它真可谓是世界第一大懒汉！

按说这样懒的动物在自然界是没办法生存的，因为任何肉食动物可以轻易地捕获它，但不可思议的是，它居然一直活得挺好。宝宝，你说神奇不神奇？原来，刚出生不久的小树懒，体毛呈灰褐色，与树皮的颜色相近，又由于它奇懒无比，使得一种地衣植物寄生在它的身上，这种植物依靠它长得很繁茂，以至于像一件绿色的外衣把它的身体包缠起来，人类和动物都很难发现它，从而巧妙地躲开了敌人。另外，它一生大部分时间都是一动不动地倒挂在树上，极少惊动敌人。它的身体不重，可以爬上细小的树枝，其他的肉食类动物上不了这种细枝，因此它能够一直存活下来。

学习吧

今天孕妈妈和宝宝一起来学习数字"2"吧。

集中注意力，一手抚摸肚子，一手刻画"2"的轮廓，将"2"的形状深深地印在脑中，并不时读出"2"。

反复刻画几遍之后，孕妈妈大声念出"2像小鸭水上漂"，然后在脑海中再想一想，"2"还像什么呢？像倒过来的挂勾，还像美丽的白天鹅。

准爸爸的参与

　　孕妈妈快要进入妊娠晚期了，肚子越来越大，负担也越来越重，部分孕妈妈还会出现静脉曲张、脚肿、腿肿等现象。因此，准爸爸应该更加体贴妻子。此时的准爸爸还要做好以下事情：

　　1. 与妻子一起商量决定分娩的医院。

　　2. 妻子可能出现水肿，帮助她按摩，揉揉肩部、后背，以减轻她的不适。若孕妈妈的脚出现水肿、变大，则应该给她换一双稍大一点的鞋，还要经常帮她按摩腿和脚。

　　3. 和妻子一起给宝宝取名字。

　　4. 陪同妻子参加产前课程。

　　5. 多与其他父母交流，了解有关分娩和育儿的正确知识。

营养食谱

家常鸭血

原料： 鸭血300克，青豆、红椒各50克，木耳15克，姜片、蒜片各10克，笋丁40克

调料： 豆瓣酱10克，食用油、食盐、白糖、味精、花椒油、香油、水淀粉各少许

做法

1. 将鸭血洗净切成丁，红椒洗净切片，木耳泡发后撕成小朵；

2. 锅置火上，加入油，下豆瓣酱、姜片、蒜片、红椒片、木耳、笋丁煸香；

3. 放入鸭血丁、青豆翻炒匀，注入少许水烧至熟入味，加入食盐、白糖、味精调味，用水淀粉勾芡，淋入香油、花椒油即可出锅。

tips 孕期要注意补充铁，鸭血正含有大量的铁。

第4章

孕晚期 (29~40周)
胎教方案

孕程已过去多半，母子间的联系越来越紧密，你和宝宝也越来越有默契吧？现在宝宝的各器官发育得越来越完善，是胎教的关键期，继续坚持合理的胎教，会得到意想不到的效果。孕妈妈，加油！

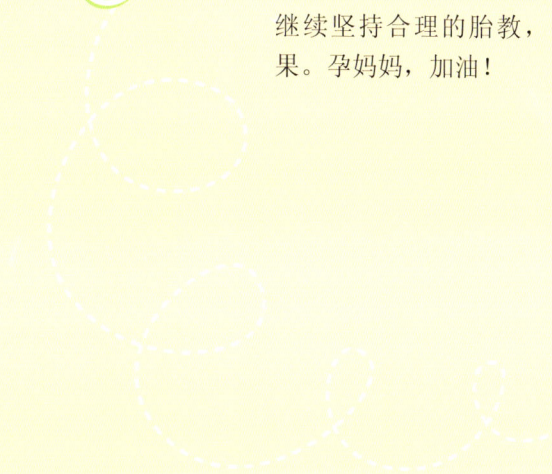

第29周——逐渐地变圆润了

准妈妈：宝宝，妈妈发现你挺有音乐天赋，节奏感非常强，这不，妈妈一开始唱：一闪一闪亮晶晶，满天都是小星星。你就开始随着节奏踢妈妈的肚子，哈哈，真神奇！

胎宝宝：妈妈，我现在身长约42厘米，体重约1300克，肌肉和肺正在继续成熟，皮下脂肪也初步形成，看上去显得圆润了，不再像个小老头儿了。吮吸手指和踢腿、伸懒腰、翻跟斗是我的日常娱乐，妈妈你说我以后会不会是个运动健将？

孕妈妈的健康生活

◆孕28周后应该每2周做一次检查，这种频繁的检查次数，是为了尽早发现妊娠后期的孕妈妈疾病，特别是对胎儿有直接影响的"妊娠中毒症"。

◆应了解一些有关胎儿发育的基本知识，熟悉高危妊娠因素。当经过检查确定为高危妊娠时，应遵照医嘱定期检查治疗，以便有效纠正高危因素，减小对自身和胎儿的威胁。

◆预防早产，要注意起居饮食，适当增加营养，不食用有刺激性的食物。平时要注意劳逸结合，既适当参加劳动，又要避免劳累过度，不使身体过于疲劳，尤其要注意避免腹部撞击。

◆积极治疗妊娠期合并症，尤其要做好妊娠高血压疾病的防治工作，减少早产的发生。

◆如有出现下腹坠胀、疼痛、阴道有血性分泌物等早产征兆时，应采取左侧卧床休息的方式，并根据胎儿情况，在医生指导下采取必要的保胎措施。

孕妈妈要重视环境

优美的环境不仅能使孕妈妈身心舒畅，而且还能促进胎儿的生长发育。

首先，孕妈妈要将自己的居室布置得整洁雅观，可以在居室的墙壁上悬挂一些活泼可爱的婴幼儿画片或照片，他们可爱的形象有助于孕妈妈形成良好的心理状态。悬挂一些景象壮观的油画也是有益的，它不仅能增加居室的自然色彩，而且能使人的视野开阔，除此之外，还可以在居室悬挂一些隽永的书法作品，时时欣赏，以陶冶性情。

其次，孕妈妈还要经常到空气清新、风景秀丽的地方游览，多听听悦耳动听的音乐，多看看美丽的图画和花草，以调节情趣，这样可使孕妈妈心情舒畅，体内各系统功能处于最佳状态，使胎儿处于最佳的生长环境。

唱歌吧

这首儿歌分两部分，前半部分表现了对老爷爷的赞美，后半部分则表现了对小姑娘不娇气、坚强的称赞。故事完整，语言诙谐，十分有趣。孕妈妈即便念上一首这样的儿歌，也会开心而笑。

爷爷爷爷给馒头

从西头，到东头，
这边来了个小老头。
穿着靴头，戴着帽头，
腰里披着个小斧头。
上山头，砍木头，
砍了这头砍那头。

跟上山来个小丫头，

拿了一篮小馒头。

摔了一个小跟头，

碰了丫头的花花头。

小丫头，理理头，

不蹄哭，拾馒头，

找到了砍木头的小老头，

小丫头，叫老头：

"爷爷爷爷我给你送馒头。"

孕妇体操

◎伸脚运动

仰卧在床上，左膝屈起，右腿伸直，收缩腰侧肌肉，使右脚沿着床向上绷，然后放松，将右脚沿床沿向下滑，做5次。然后右膝屈起，左腿伸直，并重复右脚的动作，做5次后便稍作休息。

◎胯部摆动

直立，双手叉腰，向前、后、左、右摆动胯部，或是扭动胯部做圆周运动。其目的在于锻炼腹肌、背肌，为胎儿长大时增加腹部承受能力做准备。

在整个孕期应经常做这种体操。运动要适宜，感到疲劳时立即休息，保证舒服轻松为宜。

◎双肩环绕

双手放在肩头，手心向下，分别向前后环绕，练到肌肉微微发酸为止。此种运动方法可以锻炼胸肌和乳腺，为产后哺乳做准备。

◎会阴肌肉运动

仰卧，双膝屈起，尽量使（会阴）肌肉收缩，好像制止大便一样，保持一会儿，然后放松。此动作重复20次，每做5次便稍作休息。此运动可在整个孕期进行。

准爸妈讲百科

亲爱的宝宝，夏天的树叶是绿色的，等到秋天的时候，绿色的树叶就会变黄，这是为什么呢？

树叶中含有一种能够产生色素的细胞——叶绿体，它产生的色素就叫叶绿素，在阳光的照射下，叶绿体产生许多的叶绿素，所以夏天的树叶就总是绿油油的。

树叶还含有许多其他色素，只是夏天叶绿素把其他色素都遮盖住了，而到了秋天，这些被遮盖住的色素就都显现了出来。比如胡萝卜素，当胡萝卜素显现的时候树叶就是黄色或红色。许多树的树叶都含有胡萝卜素。只要太阳辐射到地球上的能量减少了，树叶中的叶绿素就会减少，树叶也就变得五彩斑斓起来，有的变成黄色，有的变成橙黄色，还有的变成红色。

准爸爸的参与

在妊娠过程中，当妻子对胎儿进行胎教时，丈夫不能袖手旁观，应积极参与。在婴儿的感觉器官基本形成的时候，应多与婴儿进行对话，每天最好进行3次规律性的对话。在触觉也基本形成的时候应更加频繁地按摩肚子，在进行对话的时候，用手指头敲一下肚子可以感觉到胎儿的脚在动。丈夫还要做好家庭中的妊娠监护，如有异常情况，应及时帮助妻子处理，必要时送医院诊治。

此外，当发现妻子对胎教不是很热心时，要鼓励妻子适时进行胎教，同时激发妻子进行胎教的热情；当妻子有一些不良的习惯和毛病时，要帮助妻子克服和改正。

营养食谱

葱烧海参

原料： 水发海参500克，油菜50克，葱段120克

调料： 清汤250毫升，熟猪油45克，淀粉10克，酱油、味精、食盐、醋各适量

做法

1. 将水发海参洗净，用开水焯一下，油菜洗净，烫熟，捞出备用；

2. 锅中放入熟猪油，下入葱段炸黄，制成葱油，再放入海参、酱油，加入一半清汤烧至熟烂；

3. 将海参盛出装盘，油菜围边，锅内放入剩余清汤和食盐、味精、醋烧沸，勾芡后浇在海参上即可。

第30周——宝宝能分辨光亮了

准妈妈：宝宝，你的小手呢，伸出手来和妈妈握个手吧？虽然最近因为你，妈妈身体有些许不适，不过想到不久后，就会有一个健康活泼的小孩叫我妈妈，与我一起幸福地生活，妈妈就觉得现在的辛苦都是值得的。

胎宝宝：妈妈，本周我的身长约44厘米，重1500克左右。这时大脑发育非常迅速。大脑和神经系统已经发达到一定的程度，我的眼睛可以开闭自如，大概能够看到子宫中的景象，还能辨认和跟踪光源。

孕妈妈的健康生活

◆ 孕晚期会出现鼻塞和鼻出血现象，不用紧张。鼻塞时可用热毛巾敷鼻，或用蒸汽熏鼻子以缓解症状。鼻出血可用手捏鼻翼。

◆ 在此时期，孕妈妈很容易患妊娠高血压综合征。如果在早晨醒来，水肿未退，或一周内体重增500克以上，应该尽快到医院做检查。

◆ 平时应多休息，不可过度疲劳，并且节制水分和盐分的摄取量，此外，严防流行性感冒。

◆ 在这个时期，要注意日常有无出血现象。即使只有少量的出血，也要尽早接受医生的诊察，看是否有早产、前置胎盘、胎盘早剥的危险。

听音乐吧

圆舞曲《蓝色多瑙河》是约翰·施特劳斯所作，是他的圆舞曲中最具有代表性的一首乐曲。这支圆舞曲作于1867年。1866年奥地利在普奥战争中惨败，维也纳陷入了深深的消沉之中。为振奋人心，作者谱写了这首象征维也纳生命活力的圆舞曲。

此圆舞曲旋律优美动人，节奏富于动感，孕妈妈欣赏这个作品，能通过想象感受鲜明的音乐形象，感受人们热爱生活、热爱故乡的浓厚感情。

动动手吧

翻花绳是一种利用绳子玩的游戏，一条绳子加上灵巧的手指就可以翻转出许多的花样。翻绳游戏具有巧手、健脑、启智的作用。

翻花绳分单人和双人两种。单人的玩法是将绳圈套在双手上，用双手手指或缠或绕或穿或挑，经过翻转将线绳在手指间绷出各种花样来。

双人翻花绳的玩法是：一人以手指将绳圈编成一种花样，另一人用手指接过来，翻成不同的花样，相互交替，直到一方不能再翻下去为止。

线绳翻花现今有数千种翻法，其中一些还非常复杂。一些常见的花样有专门的名称，如"面条"、"牛眼"、"麻花""手绢"等。

下面孕妈妈就对照步骤，开始一个简单的单人翻花绳游戏——五角星吧！

1. 取一段长短适中的双层绳子，套在食指上；

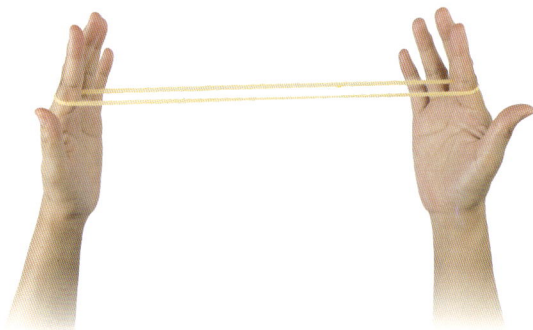

2. 用小指压着食指内侧的绳子，挑起外侧的绳子；

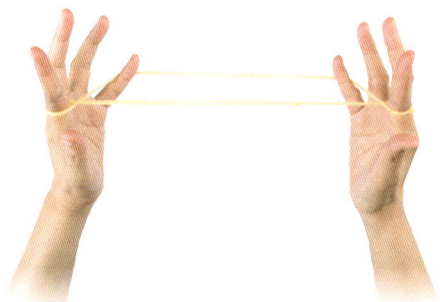

3. 用右手拇指挑起左手食指上的绳子；

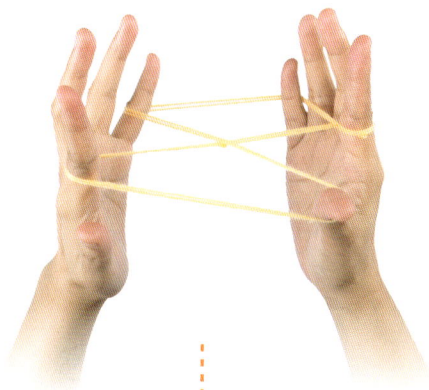

5. 松开小指上的绳子；

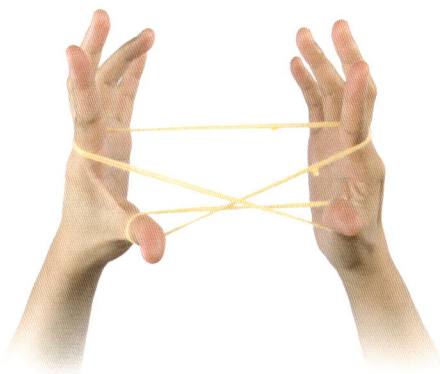

4. 再用左手拇指挑起右手食指上的绳子；

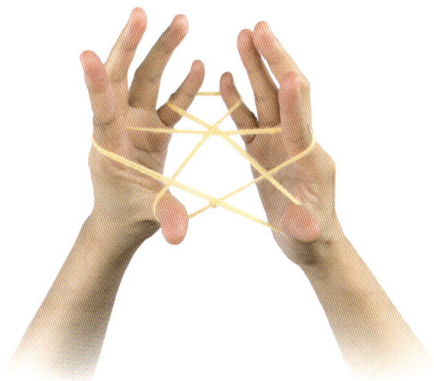

6. 用左手小指从下面向外挑勾拇指内侧的绳子，一个五角星就形成了。

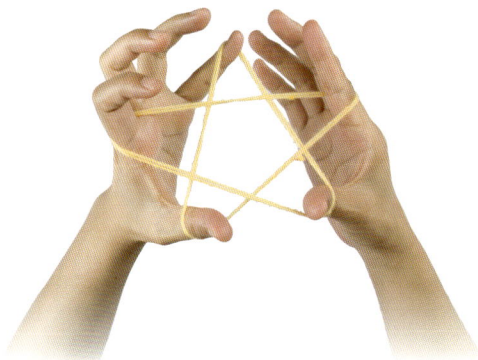

学习吧

今天要来学习数字"3"了，孕妈妈准确而清晰地读出数字"3"，并用手指描摹3的轮廓，反复多次。再读出"3像耳朵会听话"，脑海中想象耳朵的形状。

孕妈妈再闭上眼睛，脑中展开联想，"3"还像什么呢？像英文字母B，像竖着的"山"字。教宝宝认识数字"3"之后，在生活中看到与3有关联的事物时，就可以告诉宝宝："宝宝，这里有3个苹果。""今天，我们要去哥哥家玩，他家有3口人。"

准爸爸的参与

此时进入了妊娠后期，丈夫也要为分娩做好准备。在孕晚期，妻子行动已经不方便了，丈夫应主动把家中的衣物、被褥、床单、枕巾、枕头拆洗干净，并在阳光下暴晒消毒，以便备用。还要在妻子产前把房子清扫干净布置好，要保证房间的采光和通风情况良好，让妻子愉快地度过产期，让母子能够生活在清洁、安全、舒适的环境里。

营养食谱

芙蓉鱼片

原料：黑鱼1条（约750克），鸡蛋2个

调料：清汤350毫升，食盐、味精、豉油汁各少许，水淀粉适量

做法

1. 将黑鱼宰杀，去鳞、鳃、内脏洗净，切片后拌上水淀粉备用；

2. 鸡蛋取蛋清，加食盐、味精，冲入清汤拌匀，上蒸笼蒸至凝固；

3. 将备好的鱼片放在蒸熟的蛋液上，淋上豉油汁，再蒸4分钟即成。

第 31 周 ——小便功能的练习

准妈妈： 医生说宝宝可以看到光了，所以妈妈最近都在进行光照胎教，就是拿一个手电筒轻轻贴在肚子上，第一次当手电筒的光源进入子宫时，我就感觉到了大幅度的柔和胎动，好像宝宝在肚子里转了个身，朝着光亮看来。啊，真是神奇！

胎宝宝： 妈妈，我的各个器官发育得越来越完善，我不仅在进行小便功能的练习，现在还能将头从一侧转向另一侧，也能辨别明暗，如果你用一个小手电照射腹部，我会转过头来追随这个光亮，甚至可能会伸出小手来触摸哦。

孕妈妈的健康生活

◆此时胎动频繁，睡眠可能不好，最好采用左侧卧的睡眠姿势。还可以在脚下垫上合适的枕头或被子，平卧时垫高两脚，让血液回流。侧卧时，垫高在上面的腿，会觉得舒服一些。

◆肚子大了，起、卧、翻身都很困难，要注意正确的起床、躺下的姿势。从仰卧的姿势起来时，先采取侧卧位，再到半坐位，然后起来。禁止使用腹肌以仰卧的姿势直接起身。躺下时要侧身躺下，大腿和手臂向上弯曲，另一只手臂放在体侧。

◆从这周开始，要为生产做准备，练习分娩时的呼吸方法、按摩方法及用力方法等分娩的辅助动作。

◆此时一定要警惕，因为这段时期非常容易出现早产，应该避免过度疲劳和强烈刺激，并且不要使腹部受压。

听音乐吧

古筝曲《渔舟唱晚》以歌唱性的旋律，形象地描绘了晚霞斑斓时，渔舟纷纷归航的欢乐景象，表达了一种对生活和美丽河山的赞美之情。

此曲分为三段，第一段运用慢板奏出悠扬如歌的旋律，好像在向人们展示优美的江边晚景。第二段音乐速度加快，形象地表现了渔夫满载而归的欢乐情绪。第三段运用快板，刻画了荡桨声、摇橹声和浪花飞溅声，随着力度不断增强，速度不断加快，展现出在夕阳西下的晚景中，江面渔歌飞扬，渔夫满载丰收的喜悦荡桨归舟的动人画面。

此首乐曲悠扬如歌，意境旷达，能促使孕妈妈的情绪回复宁静。

动动手吧

准备好鲜艳的皱纹纸，给宝宝做朵漂亮的玫瑰花吧。

1. 准备如图所示的材料；

2. 将红色纸剪下2条6厘米宽的纸条;

3. 将纸条对折后再折3折,用剪刀剪开;

4. 得到6张如图的纸块;

5. 左手捏在纸的1/3处,右边拿着剪刀轻刮纸张,使之向后微卷;

6. 用右手大拇指和食指向后捻纸的右角;

7. 用左手大拇指和食指用同样的方法捻纸张的左角;

8. 两手捏住纸的两边,将

皱纹纸向两边拉开;

9. 将剩下的纸都用同样的方法做好,即成一个个花瓣;

10. 将绿色的皱纹纸折叠2次,用剪刀剪出绿叶形;

11. 取1片绿叶,粘上双面胶,放上细铁丝;

12. 再粘上另1片绿叶,即做成了1片完全的绿叶,做好另1片绿叶备用;

13. 将粗铁丝的一头粘上双面胶;

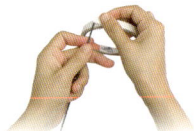

14. 粘上1片花瓣;

15. 再粘上双面胶,在粘好的花瓣对面再粘上1片花瓣;

16. 如此粘完剩余的花瓣;

17. 缠上绿胶布;

18. 再加上做好的绿叶;

19. 整理好绿叶,一朵漂亮的玫瑰花就做好了。

学习吧

今天孕妈妈和宝宝来学习数字"4"吧。

孕妈妈看着数字，准确而清晰地读出 "4"，并用手指描摹4的轮廓，反复多次，在脑中加深印象。再读出"4像红旗迎风飘"，并想象一下红旗的形状。

孕妈妈再闭上眼睛，脑中展开联想，"4"还像什么呢？像大海中船上飘着的船帆。孕妈妈还可以告诉宝宝，2个"2"就是4，比如有2个香蕉，再加上2个香蕉就是4个香蕉了。

准爸妈讲百科

今天要给宝宝讲的是蜻蜓的本事。在会飞的昆虫中，蜻蜓绝对是飞得最快的，而且能飞行的距离也相当远。

蜻蜓长着两对透明轻柔的翅膀，很像是一架飞机。蜻蜓的翅膀平行伸展在脊背上，平衡地支撑着身体自由飞翔。这么小的东西你可能认为在风中是没法飞行的，但其实蜻蜓却能在风中从容不迫地连续飞行而不会跌落下来。这是为什么呢？原来，蜻蜓的每片翅膀前缘的上方，都有一块漂亮的角质加厚部分，生物学上叫翅痣或翼眼，它起着飞行平稳的作用。人们得到启发，将它用在飞行器上，减少了许多飞行事故。

准爸爸的参与

这个时期准爸爸应该和准妈妈一起为宝宝布置一个充满阳光的卧室，并且为宝宝准备一张舒适的床铺，床的四周应有至少50厘米高的床栏，两侧可以放下，栏杆之间距离不宜过大，也不可过小，以防夹住孩子的头和脚。床的四周要求为圆角，无突出部分。如果是买新床，条件允许的话，不妨尽量选择可以用到2～3岁的大型婴儿床，比较经济实惠。但是，为了节省空间，也可以购买折叠式婴儿床。

此时可将新生儿的衣物备齐，婴儿衣服一定要选用柔软、手感好、通气性和保暖性好、易于吸水的棉织品，颜色宜浅淡，这样容易发现污物，样式可选用最常用的斜襟样式，衣服要宽大些，便于穿脱，至少准备3件以上。另外，还要购买一些婴儿用品，如童车、奶瓶、尿布、婴儿护肤品等。

营养食谱

两吃基围虾

原料：基围虾500克，椒盐适量
调料：海鲜汁、食用油、淀粉各适量

做法

1. 将虾从虾头处切开，挑去虾线，再将虾头、虾身均洗净；
2. 虾身入沸水中焯熟，虾头蘸上干淀粉，入油锅中炸熟，盛出后撒上椒盐；
3. 将虾身、虾头装入盘中即成。

第 *32* 周——宝宝的体格越发标准了

准妈妈： 宝宝，妈妈最近有点烦，因为脸上长满了疙瘩，大腿上、肚子上的妊娠纹也越来越深。啊，真是太丑了。幸好你爸爸在一旁安慰我，他说这一切都是因为怀了宝宝的缘故，其实怀孕的女人是最美丽的、最伟大。恩，听了这话，总算让我失落的心得到了一点安慰。

胎宝宝： 妈妈，我现在的体格越发标准了，与出生时的婴儿相似，只是更瘦些。手指甲和脚指甲已经完全长出来了。已经长了满头的头发，眼睛能区分光亮与黑暗。

孕妈妈的健康生活

◆分娩前，要把坐月子所穿用的内衣、外衣准备好，洗净后放置在一起。内衣要选择纯棉制品；上衣要选择易解、易脱的样式，这样就比较适宜哺乳和室内活动的特点；裤子可选购比较厚实的针织棉纺制品，如运动裤，既保暖，又比较宽大，穿着舒适，同时还很容易穿脱。

◆坐月子洗澡不便，应多准备几套内衣，以便换洗。准备专用的洗脸毛巾、洗澡毛巾和10包左右的卫生护垫（纸）。

◆此时，宝宝的房间、床铺、用品以及衣物等均要准备好，分娩后专心抚育宝宝，可能不会有时间再去购买这些东西。

唱歌吧

孕妈妈唱一唱这首脍炙人口的经典圣诞歌曲《铃儿响叮当》吧。

这首歌曲调流畅、情绪欢快，表现了孩子们热情奔放的性格，抒发了热爱美好生活的真挚情感。每当唱起这首歌，仿佛就能看到一群孩子冒着大风雪，坐在马拉的雪橇上，他们的欢声笑语伴着清脆的马铃声在原野中回荡这样的生动画面。

铃儿响叮当

叮叮当，叮叮当，铃儿响叮当，
我们滑雪多快乐，我们坐在雪橇上嗨！

叮叮当，叮叮当，铃儿响叮当，
我们滑雪多快乐，我们坐在雪橇上！

冲破大风雪，我们坐在雪橇上，
快奔驰过田野，我们欢笑又歌唱，
年轻的伙伴们，精神多爽朗，
鞭儿抽得啪啪响啊，马儿快快跑。

叮叮当，叮叮当，铃儿响叮当，
坐上雪橇多快乐，我们飞奔向前方嗨！

朗读吧

下面这首著名的唐诗，是一首咏物诗，写的是早春二月的杨柳。杨柳的形象美在于那曼长披拂的枝条。那嫩绿的新叶，丝丝下垂，在春风吹拂中，有着一种迷人的意态。在朗诵中，孕妈妈可以在脑中想象那嫩绿杨柳在春风中随风摇摆的美好画面。

咏 柳

（唐）贺知章

碧玉妆成一树高，万条垂下绿丝绦。
不知细叶谁裁出，二月春风似剪刀。

学习吧

已经学习了4个数字了，今天让宝宝来学习汉字"人"吧。

　　制作好卡片后，孕妈妈集中注意力，一手抚摸肚皮，一手描摹"人"字的轮廓，并清晰准确地念出"人"。反复几遍，将"人"的形状深深印入脑海中，传递给胎儿。

　　"人"字的笔画较简单，上边合并，底下分义，一撇一捺即是人字。当然，孕妈妈还要联想，"人"字像什么呢？宝宝，你看像不像正在行走的双腿？你知道"人"字代表什么意思吗？"人"字的字形是一撇一捺相互支撑，相互扶持，它告诉我们，人与人之间应该互相帮助，多一些爱心，让世界充满爱，人类才有美好的未来。

动动手吧

　　今天孕妈妈继续画一幅画吧，画画不仅能激发兴趣，还可以培养速记、概括、想象等能力。更关键的是通过色彩刺激孕妈妈的大脑，胎宝宝也能受到良好的刺激。

　　画动物简笔画首先要会概括动物的基本形状，基本形状就是大轮廓，它是根据动物的外形特征决定的。所以在画的时候孕妈妈可以在脑海中想象一下这个动物的形状。孕妈妈还可以把这个动物的外形编成顺口溜来概括。另外，要抓住动物的动态变化，由于动物所处的方位和运动状态不是固定不动的，所以基本形状也不是固定。甚至可以根据各种动物的特征采取夸张、拟人的手法来画，使形象更加突出。

今天来画一只美丽的蝴蝶吧。

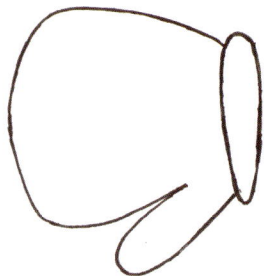

1. 先画蝴蝶的一边翅膀；

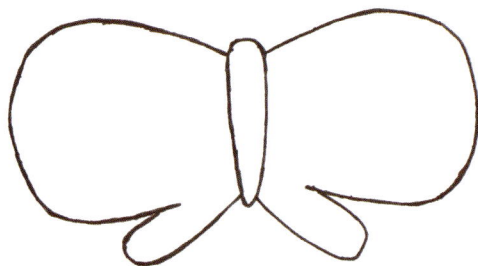

2. 再画另一边翅膀；

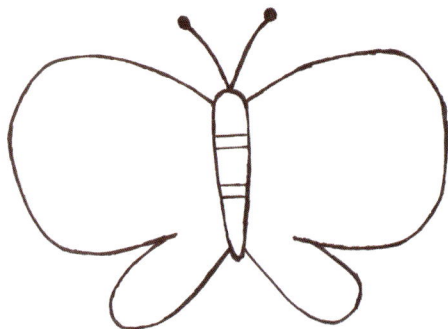

3. 画上蝴蝶的触角，翅膀上的花纹；

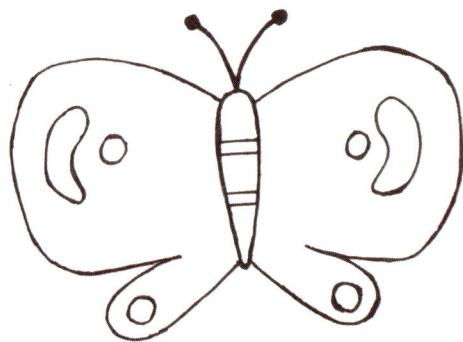

4. 给蝴蝶涂上鲜艳的色彩，一只美丽的蝴蝶就完成啦。

讲故事吧

今天由爸爸给宝宝讲一个《迷路的小鸭》的故事吧。

迷路的小鸭

冬天的一个晚上，刮着大风，下着大雪，天气冷极了。

一只小鸭找不到家了，它在路上一边走一边叫："呷呷呷！我的肚子好饿，我的身上好冷啊！"

忽然，它看见了一间小房子，温暖的灯光从屋中传出，原来，这是兔妈妈的家，兔妈妈正哄着小兔睡觉呢！

小鸭走上前，敲着门说"兔妈妈，我是小鸭，我找不到家了，让我进来暖和暖和吧！"

兔妈妈打开了门，见到外面站着可怜的小鸭，兔妈妈连忙说："小鸭，快进来吧！"

兔妈妈给小鸭吃了热腾腾的食物，还让它睡在暖和的被窝里。

第二天，兔妈妈和小兔一起将小鸭送回了家，鸭妈妈担心了一夜，此时看到小鸭安然无恙自是高兴极了，郑重地谢了兔妈妈和小兔。

小兔和小鸭由此也成了好朋友。

准爸妈讲百科

宝宝知道什么是超声波吗？

声音是由物体振动产生的，是一种波。物体的振动会影响周围的空气，使它们也跟着振动起来。声波分为低频率声波和高频率声波。那些频率特别高的声波，人们是听不到的，所以叫做超声波。

我们虽然听不到超声波，却能够运用它。

医生可以借助一种超声波食品看到人体内部。你妈妈做检查的时候，医生会拿着仪器的探头——它看起来就像是一个麦克风，放在你妈妈的肚子上，超声波透过腹壁到达你身上，然后便又像回声一样反射回来。接收器接收到这些反射回来的超声波后，再通过复杂的程序，将它转化为图像，这样，我们就能在屏幕上看到还在妈妈肚子里的你啦！

准爸爸的参与

孕期准爸爸的作用至关重要，当孕妈妈感到身体懒散，或者情绪不知道该如何调节时，准爸爸的肩膀、话语和眼神就会给予孕妈妈最大的支持。孕期毕竟是一个需要小心应对的时期，准爸爸可以和孕妈妈一起去听听孕妇的课程，跟更多的专业人士或有经验人士进行交流。准爸爸要主动提出陪妻子去听课，这会让孕妈妈信心百倍地迎战这个孕程。

营养食谱

香芋蛤蜊煲

原料：芋头400克，蛤蜊500克，猪肉末、草菇各100克

调料：鲜汤适量，鸡汁10毫升，食盐、白糖各少许

做法

1. 芋头去皮切成块，入锅中蒸至熟；

2. 蛤蜊浸泡半天后洗净，放入沸水中焯至开壳，草菇洗净对半切开；

3. 将鲜汤烧沸，下入蛤蜊、芋头块、草菇、肉末，调入其余调料，煮熟至入味即可。

第33周——要时刻准备哟

准妈妈： 亲爱的宝宝，这周去做彩超，很清晰地看到了你的脸，竟然很饱满了，没有皱褶，医生告诉我你还会咧嘴笑呢。妈妈看到屏幕中的你，真的好欣慰，一下子忘记了怀孕带来的所有不适与烦恼。

胎宝宝： 妈妈，我的呼吸系统和消化系统发育已经接近成熟，生殖器官发育也已近成熟。软软的骨头正在变硬，皮肤不再那么红红的、皱皱的。我正在为出生而准备着。

孕妈妈的健康生活

◆从此周开始，可经常用手指把乳晕周围挤压一下，使分泌物流出，或用温热毛巾热敷乳房，并进行按摩，防止腺管不通，造成产后乳汁郁积。

◆禁用丰乳霜和减肥霜，不宜穿束胸的衣服。

◆为了储备体力准备分娩，要有充分的睡眠与休养。

◆此时不可随意刺激子宫，且因有早产的可能性，最好能停止性生活。

◆不要重复做相同的动作。比如长时间、高强度地编织、缝纫或园艺等，因为全身的关节和韧带变得松弛，长时间重复动作易发生意外。

◆有腿肿、头痛、恶心等症状时，要尽早接受医生的检查。

听音乐吧

《天鹅湖》是全世界芭蕾舞剧中的经典作品，孕妈妈可以将这部舞剧的光碟买来，一边听着悦耳的音乐，一边欣赏优美的芭蕾舞。

《天鹅湖》讲述的是，有一天，王妃对儿子齐格弗里德王子说，他明天就得挑选一位少女做他的未婚妻，并邀请她参加他们的节日。王子不知所措，他不知道自己的心上人是谁。

这时，王子被一群天鹅深深地吸引住了，这群天鹅把他带到一个偏僻已成废墟的城堡附近的湖岸。在湖岸，这群天鹅翩翩起舞，一只最美丽的白天鹅吸引了王子。这时天鹅突然间变成了一群少女，那位最美丽的姑娘向王子吐露了她们神秘而不幸的遭遇。原来，那位美丽的天鹅就是被魔法禁锢的公主。一个恶毒的魔鬼用法术使她和她的侍女们变成了天鹅，只有夜间，在这湖岸才能恢复人的形象。要解除巫术只有一个办法，那就是一位年轻人忠贞不渝的爱情，才能使她和侍女们摆脱巫术。

王子深深地爱上了天鹅公主奥杰塔，并向她表示了他的爱慕之情。可是他们的谈话被恶毒的魔鬼洛特巴尔特偷听到了。在节日舞会上，魔王洛特巴尔特带着他的女儿奥吉丽雅走进了大厅，奥吉丽雅是奥杰塔的复制品，其目的是迷惑王子，骗取他的爱情宣言。王子以为奥吉丽雅就是奥杰塔，因此宣布与她结婚。魔鬼洛特巴尔特狂笑着，带奥吉丽雅离去。

这时王子才明白是个圈套，王子万分绝望地向天鹅湖奔去。知道真相的奥杰塔无限感伤，决心不再宽恕王子。当魔王狂喜地露出狰狞的凶相，王子不顾一切地向魔王冲去，在奥杰塔和群鹅们的帮助下，魔鬼被王子杀死。从此巫术消失了。奥杰塔和侍女们恢复了人形。于是，奥杰塔公主和齐格弗里德王子幸福地生活在一起。

学习吧

随着胎龄渐长，宝宝的学习能力也会越来越强，所以，孕妈妈不要错过好时机，继续宝宝的学习计划吧。

今天继续和宝宝学习数字"5"吧。

如前几次一样，首先仔细描摹数字"5"的轮廓，再准确而清晰地念出"5"。儿歌称"5像称钩称东西"，孕妈妈在脑海中想象一下称钩的形状，让胎宝宝加深印象。

孕妈妈伸开手指，告诉宝宝："每个人的手有5个手指头，脚有5个脚趾头。"家中如果有与"5"有关的物品，也可告诉宝宝，比如，"宝宝，我们家客厅有5个开关，你看，1、2、3、4、5个。"在外面看到与"5"相关的事物，也可说给宝宝听，比如，"这里有5棵树，树与树之间有5步的距离。"

猜谜吧

闲暇的时候，孕妈妈可以将一些动物、植物或生活用品的谜语念出来给胎宝宝听，然后和胎宝宝一起猜一猜，还能形象地给胎宝宝描述一些动物的特征。下面一些谜语列举出来，供孕妈妈参考。

1. 独木造高楼，没瓦也没砖，人在水下走，水在人下游。
2. 弟弟长，哥哥短，两人竞走大师看，弟弟跑了十二圈，哥哥一圈才跑完。
3. 小时青来老来红，立夏时节招顽童，手舞竹竿请下地，吃完两手红彤彤。
4. 敲树干，当当当，要把害虫吃个光。（打一动物）
5. 长得像竹不是竹，周身有节不太粗，不是紫来就是绿，只吃生来不能熟。
6. 小时青青腹中空，长大头发蓬蓬松，姐姐撑船不离它，哥哥钓鱼拿手中。
7. 有个矮将军，身上挂满刀，刀鞘外长毛，里面藏宝宝。
8. 冬天蟠龙卧，夏天枝叶开，龙须往上长，珍珠往下排。
9. 水上生个铃，摇摇没有声，仔细看一看，满脸大眼睛。
10. 两只翅膀难飞行，既作衣裳又作房，宁让大水掀下海，不叫太阳晒干房。
11. 青枝绿叶不是菜，有的烤来有的晒，腾云驾雾烧着吃，不及锅里煮熟卖。
12. 是牛向来不种田，体矮毛密本事寒，爬冰卧雪善驮运，高原之舟人人赞。
13. 麻布衣裳白夹里，大红衬衫裹身体，白白胖胖一身油，建设国家出力气。
14. 身穿皮袍黄又黄，吼叫一声百兽慌，虽然没率兵和将，尊严凛凛山大王。
15. 青枝绿叶长得高，砍了压在水里泡，剥皮晒干供人用，留下骨头当柴烧。

答案：
1.雨伞。
2.钟表。
3.桑葚。
4.啄木鸟。
5.甘蔗。
6.竹子。
7.大豆。
8.葡萄。
9.莲蓬。
10.蚌。
11.烟叶。
12.牦牛。
13.花生。
14.老虎。
15.麻。

准爸爸的参与

随着妊娠天数一天天增加，尤其到了妊娠后期，丈夫要为妻子分娩做好充分的准备。准爸爸还要像以前那样在情感上关心体贴妻子。分娩前，准妈妈行动不便，丈夫要给予多方照料，体贴入微。每日可与孕妈妈共同完成胎教的内容，这已到了胎教的最后阶段，一定要把胎教坚持到底，还需要每日陪准妈妈活动、散步，这样有利于分娩，只是不能让孕妈妈太疲劳了。

营养食谱

白玉藏宝

原料： 白萝卜2个，猪瘦肉100克，清汤少许，枸杞子3克

调料： 食盐、淀粉、鸡精、生抽、姜末、葱段各少许

做法

1. 将白萝卜去皮，切成大段，将中间挖空成盅备用；

2. 猪瘦肉洗净，剁成末，挖出的萝卜也切成末，枸杞子洗净备用；

3. 将瘦肉末、白萝卜末混合，再加入食盐、姜末、生抽、鸡精、淀粉，拌匀成馅，再装入萝卜盅中；

4. 将少许清汤倒入碗中，再放入葱段，萝卜倒放入碗中，点缀上枸杞子；

5. 将碗放进蒸锅，隔水蒸15分钟左右即可。

第34周——整个倒了过来

准妈妈：宝宝，妈妈现在的肚子好大，就像一个硕大的西瓜，圆滚滚的。抱着这个大西瓜，妈妈上下楼梯都是气喘吁吁的，可是，妈妈想到不久就能见到一个健康的宝宝了，心中就充满了力量。

胎宝宝：妈妈，我现在的体重大约2300克，身长45厘米左右。脂肪层正在变厚，看上去更丰满、更漂亮了。我现在整个倒了过来，变成了头朝下。医生阿姨格外关注我的位置，因为胎位是否正常直接关系到我是否能顺利出来。

孕妈妈的健康生活

◆由于胎儿在腹内的占位，胃部受压更严重，一次吃不了太多的东西，可分几次吃，每次少吃些。

◆由于分泌物增多，外阴部容易污染，因此每天要清洗，内裤要勤换，注意经常保持清洁。

◆32周以后胎位比较固定了，应触摸胎位是否正常，若不正常可采取胸膝卧位将胎位纠正。

◆特别注意，不要因饮食过度而导致肥胖。这时胎儿已经有足够的养分，即使妈妈少吃东西，也不会立刻影响他的生长发育。

◆此时孕妈妈的胃肠活动变慢，容易发生便秘。应多吃薯类、海藻类和含纤维质丰富的蔬菜类防止便秘。

◆由于胎儿最后发育的需要，这一时期内，孕妈妈的营养应以丰富的钙、磷、铁、碘、蛋白质、多种维生素（如维生素E、B族维生素）为主。

朗诵吧

秋登万山寄张五
孟浩然

北山白云里，隐者自怡悦。
相望始登高，心随雁飞灭。
愁因薄暮起，兴是清秋发。
时见归村人，平沙渡头歇。
天边树若荠，江畔洲如月。
何当载酒来，共醉重阳节。

此诗为唐朝诗人孟浩然所作，是一首登高怀念友人的诗作。

诗从对友人的怀念写起，"北山白云里，隐者自怡悦。"是想象朋友隐居生活的愉快情景，表达了向往思慕之情。正是由于思念，诗人才登高相望的。"相望始登高，心随雁飞灭。"这两句写初登山时所见所感。登高远眺，秋高气爽，只见那高翔的大雁向南方飞去，诗人的心也伴随着那渐渐远去的雁影而飞向远方。"时见归村人，平沙渡头歇。天边树若荠，江畔洲如月。"这四句大意是说不时看见一些农人收工后开始回家，他们三三两两在渡头前的沙滩上坐着休息，悠然自得，在目之所及的天边，那些高大的树木宛如纤细的荠菜一样，江畔弯曲的小洲也仿佛一个月牙一般镶嵌在那里。最后两句以情收结，回应开头两句。"何当载酒来，共醉重阳节。"意谓在白云深处隐居的远方朋友，何时才能携酒前来，同登山顶，在这重阳佳节的良辰，一边欣赏这美丽的景色，一边饮酒赋诗呢？

全诗情意真挚恳切，完美地表现了对友人的深切思念和热切盼望其前来共同赏秋饮酒的心情。

欣赏吧

世界名画具有较高的欣赏价值，今天孕妈妈就来欣赏这幅米勒的油画《拾穗者》吧。

在这幅画中，作者采用横向构图描绘了3个正在弯着腰，低着头，在收割过的麦田里拾剩落的麦穗的妇女形象，她们穿着粗布衣裙和沉重的旧鞋子，在她们身后是一望无际的麦田、天空和隐约可见的劳动场面。米勒没有正面描绘她们的面部，也没有作丝毫的美化，她们就如现实中的农民一样默默地劳动着。在造型上，米勒用较明显的轮廓使形象坚实有力，很好地表现了农民特有的朴实顽强的气质。

此画色彩沉着，加之丰富细腻的暖调子，使作品在纯朴浑厚中，具有撼人心的力量。

学习吧

继续宝宝的数字学习吧，今天要学习数字"6"。

依然要集中精力刻画6的轮廓，清晰而准确地说出"6"的读音，将"6"的形状深深印在脑海里。

再来看看"6"像什么呢，"6像口哨嘟嘟响"，"6像豆芽咧嘴笑"，看，都是生动而形象的比喻。

孕妈妈快想一想，家中与6有关的事物有哪些呢，想到不妨说给宝宝听。

6

唱歌吧

孕妈妈吃水果时可先将水果的形状、颜色描绘给宝宝听，还可以准备一本幼儿识物的画册，里面也有水果图，孕妈妈就像教宝宝学数字一样，一边描摹水果的形状，一边念儿歌。

香　蕉
香蕉甜，像月牙，
穿一件，黄大褂。

苹　果
大苹果，圆又圆，
吃起来，脆又甜。

橘　子
橘子黄，甜又香，

真好吃，有营养。

梨

梨儿甜，梨儿大，
秋风吹，满树挂。

山　楂

山楂果，圆溜溜，
一个个，像红球。

准爸爸的参与

此时，准爸爸要确定好孕妈妈分娩的医院，安排好送妻子去医院的交通工具及应付紧急情况发生而准备的措施，整理好母子的衣服、用具。还要做好足够的经济准备，以支付分娩所需及产后妻子和孩子补充营养的费用。

同时，随着孕妈妈的肚子越来越大，身体负担也越来越重，行动极其不方便，而且又要面对分娩的压力，因此此时的孕妈妈身心都有很大的负担。那么，准爸爸就要比平时更细心地来关心、照顾妻子，并要宽慰妻子，可与孕妈妈一起学习一些有关分娩的知识，再充分地利用学习的知识来保护孕妈妈和胎宝宝的安全。

营养食谱

桂花黄鱼羹

原料： 小黄鱼1条，冬笋50克，雪菜50克，姜2片
调料： 香油、食盐、鸡精、淀粉各适量，糖桂花1匙，1个鸡蛋的蛋清

做法

1. 将小黄鱼杀好后洗净切粒，冬笋、雪菜洗净切粒，姜切丝；
2. 锅中加适量水烧开，将冬笋过沸水后捞出；
3. 锅中再加适量水，放入黄鱼粒、冬笋、雪菜、姜丝，煮沸8分钟，加入食盐、鸡精、香油、糖桂花，用淀粉勾芡，淋入蛋清煮沸即可。

第35周——宝宝的听力已经充分发育

准妈妈：宝宝，你现在可是妈妈单位的"小明星"哦，好多叔叔阿姨都给你送了礼物，打听你出生的日子。特别是小美阿姨，好喜欢你，几乎每天都要摸一下你，她说好盼望你出生的日子快点到来。

胎宝宝：妈妈，由于你的子宫空间越来越小，所以我已经不是在羊水里漂浮着，也不太可能再翻跟斗了。在此周我的听力已充分发育，所以你和爸爸每天都要跟我说话，爸爸要上班去了吗？好的，爸爸再见，下班回来讲一些趣闻给我听吧！

孕妈妈的健康生活

◆此时体力大减，是越发容易疲劳的时期。每天晚上至少要有8～9小时的睡眠时间，有条件的话，中午还可以小睡1～2小时。睡眠时一般采取左侧卧位的姿势，这样有利于胎儿的生长发育。

◆起床时，应该先让身体成侧卧姿势，然后弯曲双腿的同时，转动肩部和臀部，再慢慢移向床边，用双手撑在床上、双腿滑下床，坐在床沿上，稍坐片刻以后再慢慢起身。

◆不能因身体笨重就不运动，可继续做孕妈妈操，继续做辅助分娩动作，还应该练习助产呼吸技巧。

◆学习各种分娩知识，以便在分娩时配合医护人员，从而能顺利分娩。

◆此时虽然胎儿动得少了，但应坚持计数胎动，胎动每12小时在30次左右为正常，如果胎动过少（少于20次）预示胎儿可能缺氧，少于10次胎儿有生命危险，应及时上医院就诊。

朗读吧

客 至

（唐）杜甫

舍南舍北皆春水，
但见群鸥日日来。
花径不曾缘客扫，
蓬门今始为君开。
盘飧市远无兼味，
樽酒家贫只旧醅。
肯与邻翁相对饮，
隔篱呼取尽馀杯。

这首词的大意是：草堂的南北都是春江水势涨溢，只见鸥群日日结队飞来。长满花草的庭院小路，还没有因为迎客打扫过，今天才为您扫，一向紧闭的柴门不曾为客开过，今天为您打开。离市太远没好菜肴，家底太薄只有陈酒招待。若肯邀请隔壁的老翁一同对饮，隔着篱笆唤来喝尽余杯！

这是一首欢迎来客的诗，洋溢着浓郁的生活气息，表现了诗人诚朴的性格和喜客的心情。首先从户外的景色着笔，写客来的时间、地点和环境，然后写客至的欢迎场面，接下来待客的热情气氛，最后是高潮，写隔着篱笆把邻居老翁也邀来陪着尽兴。诗中没一字写至喜客之情，却字字洋溢着喜客之情。白描中见隆重，朴实中见真诚。

学习吧

学习要持之以恒，孕妈妈今天继续和宝宝学习数字——"7"。

孕妈妈用手仔细描摹数字"7"的形状，再告诉宝宝："这个是数字7。"集中注意力，将"7"的形状传递给胎宝宝。

7像什么呢，不妨将儿歌念给宝宝听："7像镰刀来割草。"其实7还像锄头、老人用的拐杖，字母"L"倒过来也像7。

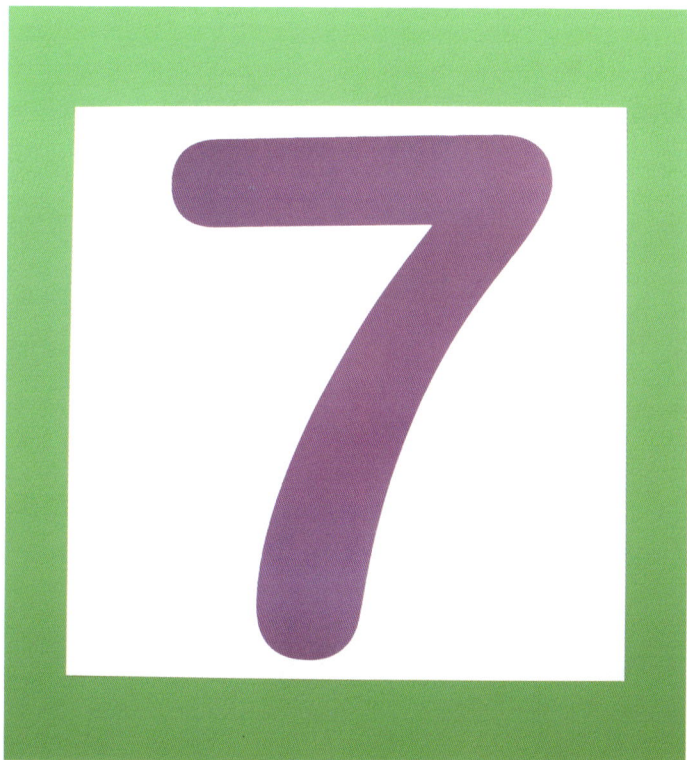

运动吧

妊娠晚期孕妈妈应该做好分娩辅助动作的训练，分娩能否顺利进行，很大程度取决于产妇是否懂得用力、休息、呼吸这3方面的方法，所以孕妈妈应该从这几方面进行训练。

◎**锻炼骨盆底肌肉的方法**

仰卧在床上，垫高头部，双手平放在身体的两侧，双膝弯曲，脚底平放于床面，像要控制排尿一样，分5次使盆底肌肉完全收缩，然后再分5次使盆底肌肉逐渐放松。每组重复10次，每天至少3～5组。

◎**腰椎运动**

孕妈妈蹲在地上，双手支撑身体，头垂下，两肩及背部随着头部一起向下，使脊背弓起。然后头部抬起，两肩及背部又随着头部一起挺起，使脊背向下弯。重复做10次，此种运动不仅可以帮助孕妈妈减轻腰痛，还能帮助分娩过程顺利。

◎**下蹲运动**

进行下蹲运动，可以使骨盆关节灵活，增加背部和大腿肌肉的力量和会阴的皮肤弹性，以利于顺利分娩。

具体方法是：两脚稍分开，面对一把椅子站好，保持背部挺直，两腿向外分开并且蹲下，用手扶着椅子，在觉得舒服的前提下使这种姿势尽量保持得长久一些。如果感到双脚底完全放平有困难，可以在脚跟下面垫一些比较柔软的物品。起来时，动作要缓慢一些，扶着椅子，不要贪快，否则可能会感到头昏眼花。

◎**侧卧抬腿**

这项运动能让臀部和大腿内侧的肌肉得到放松。具体方法是：在床上取侧卧姿势，微微弯曲或平伸靠下的腿。然后，用手抓住靠上的腿，尽量向上拉，注意在拉的过程中，靠上的腿要伸直。

准爸爸的参与

在妊娠晚期，孕妈妈对分娩大都怀着既期待又恐惧的矛盾心理。因为腹部膨大，压迫下肢，活动不能随心所欲，同时出现尿频、便秘等症状，这使得孕妈妈易出现激动和心烦情绪，另一方面，对丈夫的陪伴和亲人的依赖心理也会增强。此时，准爸爸可以去上产前学习班，学习一些缓解妻子精神紧张的方法，如帮助孕妈妈洗浴、做家务劳动、陪孕妈妈散步等，还可以帮助妻子练习辅助分娩和呼吸技巧练习。准爸爸的细心呵护，会让孕妈妈觉得安慰，从而能安心下来，也能增强顺利分娩的决心。

营养食谱

芥蓝烧牛柳

原料：芥蓝250克，牛里脊肉250克

调料：食用油、食盐、味精、料酒、酱油、水淀粉、沙茶酱各适量

做法

1. 将牛里脊肉洗净，切片，用酱油、料酒腌渍入味，用水淀粉拌匀上浆，入油锅中滑熟，加食盐、味精、沙茶酱，用水淀粉勾芡，倒入盘中；

2. 芥蓝取梗，去皮洗净，切成条，入沸水中稍焯；

3. 锅中再放油，将芥蓝条炒熟，加食盐、味精调味，勾芡后盛入牛柳盘中即可。

第 36 周——现在还没足月呢

准妈妈：宝宝，妈妈现在进入了全面"备战"阶段——加大运动，这可是在为我们的顺利见面做准备；饮食科学，既要保证营养又要控制体重；坚持胎教，宝宝的发育更趋完善，正是胎教好时机。宝宝，我们一起努力！

胎宝宝：妈妈，我的两个肾脏已发育完全，肝脏也已能够处理一些代谢废物，脾脏发育完成，并可以分泌胰岛素了。最近当我在你腹中活动时，手肘、小脚丫和头部可能会清楚地在你的腹部突现出来，这是因为此时你的子宫壁和腹壁已变得很薄了。

孕妈妈的健康生活

◆不要忽视午睡，半小时到1小时都可，充足的休息可以缓解疲劳。

◆如果某一天发现自己的手或脸突然肿胀得厉害，那就一定要去看医生。

◆在这个时期应开始准备分娩、住院等临产工作。这样即使在预产期以前有临产预感，也不至于惊慌。准备好分娩时的用品，并和丈夫及家人好好商量诸如宫缩突然到来时的事情、住院期间家庭内的事情等，一切提前商定好，以从容迎接宝宝的出生。

◆想回娘家待产的孕妈

妈，最好此刻就开始动身，应选择震动性不大的交通工具。最好到预定分娩的医院做一次检查，不要忘了携带以往的检查记录。应仔细检查分娩所需的用品，避免遗漏任何物品。

运动吧

学会不同的呼吸法是很重要的，在分娩中孕妇将能够在不同的时间里适用到每一种方法，以此来帮助自己镇静、放松，保持体力，缓解疼痛，减少恐惧，通过集中精力呼吸来对自己身体产生高度的控制作用。其中呼吸运动是分娩中减轻产痛最常用的方法，但呼吸也有技巧，分深呼吸、浅呼吸和短促呼吸。

◎深呼吸

深呼吸适合于子宫收缩开始和结束的时候。其技巧是孕妇尽量做到放松，当你吸气时，你会感觉到肺的最下部充满了空气，胸廓下部向外和向上扩张。如果你舒适地坐着，家人把手放在你的背下部，你能够通过吸气使其移开。这有点像叹气结束时的感受，接下来缓慢而深沉地将气呼出。这种深呼吸会产生一种镇静的效果。

◎浅呼吸

浅呼吸适合于子宫收缩达到高点的时候。技巧是吸气要浅，感觉吸到肺的上半部，当你的肺的上部分充满气体时，你的胸部的上部和肩胛就会上升和扩大。此时如果家人将手放到你的肩胛上便会感觉到。呼吸应丰满而短促，嘴唇微微开启，通过喉部把气吸入。每次浅呼吸约10次之后，就需做一次深呼吸，之后再做一次即可。

◎短促呼吸

短促呼吸用在子宫颈口未开大前抵御向下用力和镇痛，其技巧是呼吸上提放松，以不感到用力为度。孕妇应仰卧，后膝盖弯曲，双手交叉握在胸前，先吸气后用鼻快速短促地重复呼吸5次。口微微张开，慢慢呼气，重复练习。

朗读吧

今天，让准爸爸用他那浑厚的嗓音，为宝宝朗读下面这首小诗吧！准爸爸请注意，朗读时语调要充满感情。孕妈妈则可抚摸胎宝宝，爸爸妈妈要集中注意力，将这爱传递给宝宝。

怀 抱

一只蚂蚁睡着了，
躺在绿叶的怀里；
一只蝴蝶睡着了，
躺在花朵的怀里；
一只小鸟睡着了，
躺在小树的怀里；
我睡着了，
躺在妈妈的怀里。

学习吧

越是到孕晚期，学习越不能放松。今天孕妈妈继续和宝宝学习数字"8"吧。

和以前一样的方法，孕妈妈将"8"的形状描摹几遍后清晰地念出"8"，集中精力将"8"的形状传递给胎儿，再告诉宝宝："8像麻花扭一扭"，在脑海中想象麻花的样子，"8像葫芦摇一摇"，再想一想葫芦的形状。

准爸妈讲百科

宝宝，你知道你姓什么吗？你知道这个姓氏出过哪些著名的人物吗？现在就让爸爸来告诉你。

宝宝，爸爸姓周，所以你也姓周。周可是中国的一个大姓哦。《百家姓》起首便是"赵钱孙李，周吴郑王"，周姓排第五。

根据《元和姓纂》的记载，周这个姓氏，最早是由周文王开始的。文王本姓姬，周灭商建立周朝后，以国为氏，这就是周姓的开始。在漫长的历史发展过程中，周姓也经历了许多的发展变化，增加了不少新的族人。

周姓一族从血缘上的祖先周文王起，就产生了许多英雄豪杰，在历史上享有崇高的地位。涌现出了无数杰出的政治家，比如安邦重臣周勃、宋词高手周邦彦、治世能臣周忱、乱世英雄周瑜、人民总理周恩来等。

周　周
周　周

准爸爸的参与

临近分娩，准爸爸要提前将一些用品准备好：

孕妈妈的各种证件：如医疗证、挂号证、医疗保险证、生育服务证、户口薄等。

衣物：肥大的睡衣或内衣至少2套；棉质内裤至少4～6件；棉质、宽带、前面或侧面可拉开的胸罩2～3件；棉线袜2双，拖鞋1双。

日常用品：毛巾7～8条；小洗脸盆1个（产妇洗下身专用）；牙刷、牙膏、梳子、护肤品等洗漱用具1套；产妇用卫生巾及卫生纸各适量。

婴儿用品：如婴儿衣服、纸尿裤、奶瓶、奶粉等。

以上这些物品准爸爸最好能列个清单，准备好后做个记号，以备临产前再次确认。

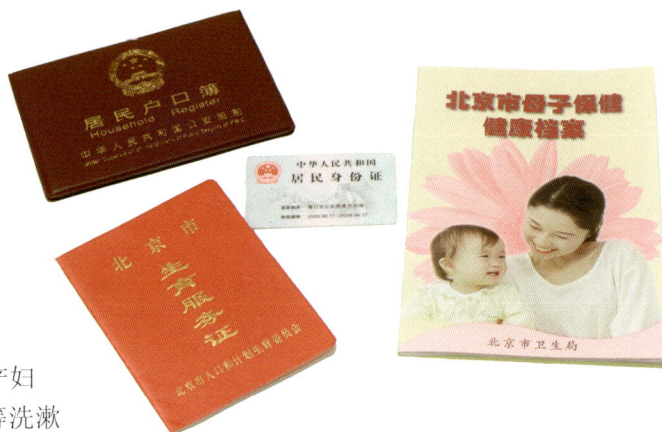

营养食谱

素烧四宝

原料：鲜猴头菇80克，冬笋150克，鲜香菇、口蘑各100克

调料：食用油、食盐、酱油、味精、淀粉、高汤各适量

做法

1. 鲜猴头菇、冬笋、香菇、口蘑均洗净切片；

2. 锅中烧热油，下入猴头菇片、冬笋片、香菇片、口蘑片翻炒匀，淋入高汤烧沸，下入食盐、酱油、味精调味，最后用淀粉勾芡即成。

第37周——宝宝无法做运动了

准妈妈：宝宝，妈妈最近有点紧张，总担心你会心急提前出来，这不，昨晚妈妈做了个梦，梦到妈妈生啦，可是生出来的小孩不见了，只见旁边的人拿着一个红红的苹果！这是胎梦吧？

胎宝宝：妈妈，此周我的身长约51厘米，体重约3千克。因为空间太小，我已经无法在妈妈肚子里做运动了。现在我的身体发育基本完成，是个健康的小宝宝了。我现在正在练习呼吸，随时准备与辛苦的妈妈见面了。

孕妈妈的健康生活

◆此时随时有可能破羊水、阵痛而生产，应该避免独自外出或出远门，有需要可让丈夫陪同一起去，需要购买东西也可让丈夫或家人帮你去买。

◆适当的运动不可缺少，但不可过度，以免消耗太多的精力而妨碍分娩。营养、睡眠和休养也必须充足。

◆尽可能每天洗澡，清洁身体。特别要注意外阴部的清洁，头发也要整理好，内衣裤应时常更换。若发生破水或出血等分娩征兆，就不能再行洗浴，所以在此之前最好每天勤于淋浴。

◆此时要严禁性生活，以免造成胎膜早破和早产。

◆孕晚期不宜长时间坐车，忌熬夜。

欣赏吧

年画欣赏——《连年有余》

年画是中国画的一种，始于古代的"门神画"。清光绪年间，正式称为年画，是中国特有的一种绘画体裁，也是中国农村老百姓喜闻乐见的艺术形式，大都用于新年时张贴，装饰环境，含有祝福新年吉祥喜庆之意。

下面这幅年画是杨柳青木版年画《连年有余》，画面上的娃娃童颜佛身，戏姿武架，怀抱鲤鱼，手拿莲花，取其谐音，寓意生活富足。孕妈妈可以经常地看一些这样的年画，既能欣赏到民间艺术，又能收获一份愉快的心情。与此同时，孕妈妈还可以插上想象的翅膀，想想将来和宝宝一起采莲捉鱼的情景，是不是既渴望又兴奋呢？

讲故事吧

本周，就让孕妈妈与胎宝宝一起享受这个《小蝌蚪找妈妈》的故事吧！宝宝快要出生了，他也很快就要找到妈妈啦！

暖和的春天来了，青蛙妈妈在泥洞里睡了一个冬天，也醒来了。她从泥洞里慢慢地爬出来，跳进池塘里，在碧绿的水草上，生下了许多黑黑的、圆圆的卵。

春风吹着，阳光照着，青蛙妈妈生下的卵，慢慢地活动起来，变成一群大脑袋、长尾巴的小蝌蚪。小蝌蚪在水里游来游去，非常快乐。

有一天，鸭妈妈带着小鸭到池塘来游泳，他们想起了自己的妈妈。于是他们一齐游到鸭妈妈身边，问："鸭妈妈，鸭妈妈，您看见过我们的妈妈吗？"

鸭妈妈亲热地回答说："看见过，你们的妈妈有两只大眼睛，嘴巴又阔又大。好孩子，你们到前面去找吧！"

"谢谢您，鸭妈妈！"小蝌蚪高高兴兴地向前面游去。

一条大金鱼游过来了，小蝌蚪看见大金鱼头顶上有两只大眼睛，嘴巴又阔又大。他们想：一定是妈妈来了，就追上去喊："妈妈！妈妈！"

大金鱼笑着说："我不是你们的妈妈。我是小金鱼的妈妈。你们的妈妈有四条腿，好孩子，你们去找吧！"

"谢谢您！金鱼妈妈！"小蝌蚪又向前面游去。

一只大乌龟在水里慢慢地游着，后面跟着一只小乌龟。小蝌蚪游到大乌龟跟前，仔细数着大乌龟的腿："一条、两条、三条、四条。四条腿！四条腿！这回可找到妈妈啦！"

小乌龟一听，急忙爬到大乌龟的背上，昂着头说："你们认错啦，她是我的妈妈。"

大乌龟笑着说："你们的妈妈穿着好看的绿衣裳，唱起歌来'呱呱呱'，走起路来一蹦一跳。好孩子，快去找她吧！"

"谢谢您，乌龟妈妈。"小蝌蚪再向前面游过去。

小蝌蚪游呀游呀，游到池塘边，看见一只青蛙，坐在圆圆的荷叶上"呱呱呱"地唱歌。

小蝌蚪游过去，小声地问："请问您：您看见我们的妈妈吗？她有两只大眼睛，嘴巴又阔又大，四条腿走起路来一蹦一跳的，白白的肚皮绿衣裳，唱起歌来呱呱呱……"

青蛙没等小蝌蚪说完，就"呱呱呱"大笑起来。她说："傻孩子，我就是你们的妈妈呀，我已经找了你们好久啦！"

小蝌蚪听了，一齐摇摇尾巴说："奇怪！奇怪！为什么我们长得跟您不一样呢？"

青蛙笑着说："你们还小呢。过几天，你们会长出两条后腿来；再过几天，又会长出两条前腿。四条腿长齐了，脱掉尾巴，换上绿衣裳，就跟妈妈一样。那时候，你们就可以跳到岸上去捉虫吃啦。"

小蝌蚪听了，高兴得在水里翻起跟斗来："呵！我们找到妈妈了！我们找到妈妈了！"

唱歌吧

孕妈妈可以唱《泥娃娃》这首儿歌，通过哼唱这首歌，告诉胎宝宝，无论什么时候，爸爸妈妈都永远爱着宝宝。

泥娃娃泥娃娃，
一个泥娃娃，
也有那眉毛，
也有那眼睛，
眼睛不会眨。
泥娃娃泥娃娃，
一个泥娃娃，
也有那鼻子，
也有那嘴巴，
嘴巴不说话，
她是个假娃娃，
不是个真娃娃。
她没有亲爱的妈妈，
也没有爸爸。
泥娃娃泥娃娃，
一个泥娃娃，
我做她妈妈，
我做她爸爸，
永远爱着她。

准爸爸的参与

到此时期，体重的增加、行动的不便以及饮食和睡眠不规律等情况，使得孕妈妈的情绪特别容易冲动，而良好的心理状态会为胎宝宝提供一个良好的生长发育环境。对于孕妈妈的倾诉，准爸爸要做个忠实的听众，这样有助于缓解孕妈妈的不良情绪。

准爸爸还要帮助孕妈妈翻身，对于孕晚期的孕妈妈来说，翻身变得越发有难度，要么是身子先过去，再把肚子挪过去；要么是肚子先过去，身子再跟过去；甚至干脆翻不过去。这时期准爸爸就要牺牲一下自己的睡眠了，警醒一些，多留意身边的妻子，适时帮她翻身。

学习吧

已经学习了数字1～8，最后再来学习数字"9"吧。

孕妈妈在脑海中牢牢记住数字"9"的形状，集中精力将之传递给胎宝宝。再来和宝宝说一说9像什么。"9像蝌蚪尾巴摇""9像勺子来吃饭"，最好找出蝌蚪和勺子的图片看一看。

最后还要告诉宝宝，"9"和"6"很像哦，"9"倒过来就是"6"，宝宝可别弄错了。

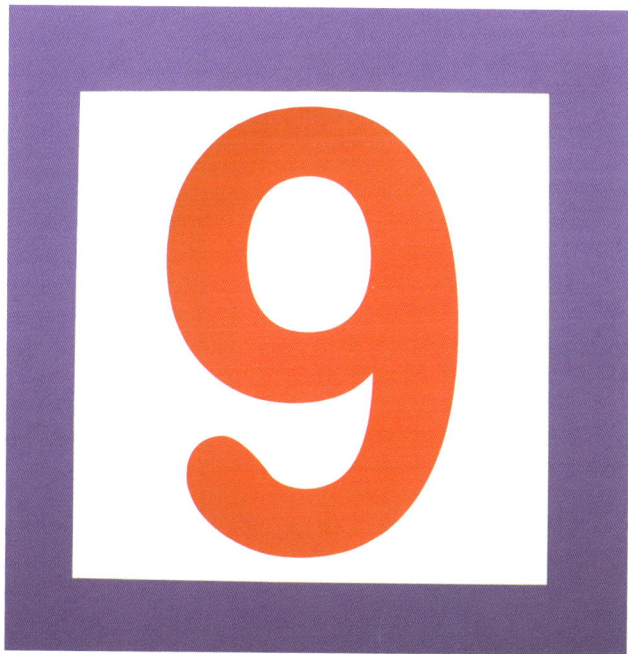

营养食谱

柠檬红枣炖鲈鱼

原料： 新鲜鲈鱼1条（约600克），柠檬1个，红枣8颗，香菜段少许，姜2片，葱段10克

调料： 食盐适量

做法

1. 鲈鱼洗净，去鳞、鳃和内脏，切成大块；

2. 红枣浸水泡软后去核，柠檬切片；

3. 汤锅内倒入1500毫升水，加入红枣、姜片、柠檬片，以大火煲至水开，放入葱段及鲈鱼块，改中火继续煲30分钟至鲈鱼熟透，加食盐调味，最后放入香菜段即可。

第 38 周——摆来摆去的小脑袋

准妈妈： 宝宝，经过这几个月来的相处，我早已习惯你在我肚子里翻转腾挪，习惯了我顶着个西瓜肚子来来去去，突然有一天瓜熟蒂落，你说你出生后我会不会反而有失落啊？看，怀孕的人就爱胡思乱想，你笑话我吧，妈妈其实是害怕了，听说分娩很痛呢。

胎宝宝： 妈妈，我的头已完全入盆，头部在盆内摇摆，被周围的骨盆骨架保护着。这样我就有更多的空间放自己的小胳膊、小腿和小屁屁了。现在，我的各个器官发育完全并已各就各位，脑和肺部也开始了工作，并会在出生后继续发育成熟。

孕妈妈的健康生活

◆工作的孕妈妈应该暂离工作岗位了，好好在家中休息，为临产做准备。

◆此期身体非常笨重，几乎进行不了什么活动，散步是最适宜的运动。散步时应该抬头、挺直后背、伸直脖子、收紧臀部，保持全身平衡，稳步行走。

◆可以进行一些利于顺利分娩的活动，如下蹲运动等。

◆为保证分娩时的体力，此时要增加营养，以富含纤维素的蔬菜、水果为主，同时保证足量的蛋白质、糖以及钙、铁、磷和钾等营养素。

◆越临近分娩越要保持心情舒畅，不可有恐惧和焦虑心理。

◆注意营养、休息，经常散散步、听听轻音乐，尽可能地放松自己，或看一些喜剧片，读一些轻松的文章，不看恐怖影视作品、小说，以免增加额外的紧张。

◆安排好分娩前的准备工作，协商好分娩过程中可能出现的问题和解决办法。

◆与社会多接触，尤其周围亲人，跟妈妈们交谈，咨询产科专家，获取分娩和育儿的感受和经

验，以消除心中的疑问和了解分娩和育儿的知识。

◆学习和练习分娩镇痛的呼吸和按摩方法。

听音乐吧

孕妈妈可根据心情来选择不同的胎教音乐。柔和平缓、带有诗情画意的乐曲具有镇静的作用；曲调优美酣畅、起伏跳跃、旋律轻盈优雅的，可以解除孕妈妈忧郁的情绪；轻松悠扬、节奏明朗的音乐，可以起到舒心的作用；乐曲清丽柔美、抒情明朗，可以消除孕妈妈的疲劳；曲调激昂、引人向上、旋律婉转欢快，具有令人精神振奋的作用；轻盈灵巧的旋律，以及安详柔和的情调，则有催眠的作用。

进入孕晚期，孕妈妈应该多听优美欢快的乐曲，以缓解焦虑及恐惧的心理。今天孕妈妈就来欣赏一首欢快喜庆的民族乐曲《喜洋洋》吧。

全曲分三段，第一段用跳跃欢快的节奏表现了热烈欢腾的场面，第二段舒展优美，犹如欢乐的人们在尽情歌唱，第三段再现第一段的主题，把人们又一次带入载歌载舞的喜庆之中。

整首乐曲曲调优美酣畅、起伏跳跃，旋律轻盈优雅，以浓郁的民族风格表现了中华民族乐观开朗的性格，给人们呈现了一个热闹喜庆的欢快场面。

运动吧

怀孕、临产阵痛及分娩都会给孕期女性的身体增加很大的负担。如果在孕期经常做一些适应性运动和练习，就能帮助孕期女性顺利度过妊娠期。另外，这些运动和练习，对分娩过程和产后体形的恢复，都有好处。

这里介绍一套适合妊娠晚期做的孕妇操，通过锻炼可以防止由于体重增加和重心变化引起的腰腿疼痛，能够松弛腰部和骨盆的肌肉，为将来分娩时胎儿能顺利通过产道做好准备。

◎伸展运动

站立后，缓慢蹲下，动作不宜过快，蹲的幅度应根据孕妇所能及的程度。双腿盘坐，上肢交替上举下落，上肢及腰部向左右侧伸展；双腿平伸，左腿向左侧方伸直，用左手触摸左腿，尽量伸得更远一些，然后右腿向右侧方伸直，用右手触摸右腿。坐直，小腿向腹内同时收拢，双手分别扶在左右膝盖上。

◎四肢运动

站立，双臂向两侧平伸，肢体与肩平，用整个肢体前后摇晃画圈，大小幅度交替进行。站立，用一只腿支撑全身，另一只腿尽量抬起，手最好能扶住支撑物，以免跌倒，然后换另一只腿进行，可反复几次。

◎骨盆运动

平卧在床上，屈膝、抬起臀部，尽量抬高一些，然后徐徐下落。

◎腹肌运动

半仰卧起坐，平卧屈膝，从平仰到半坐起，完全坐起，再回复到平卧。这节运动最好根据孕妇的体力情况而定。

◎盆底肌肉锻炼

盆腔肌肉的收缩也是构成产力的一部分，在分娩过程中协助宝宝运动，它的功能减弱也可能导致难产，所以，盆腔肌肉的锻炼显得十分重要。

盆底肌肉的锻炼可以通过收缩和放松直肠、阴道和尿道来进行，就像排尿——逼尿——排尿，上提肛门——放松——上提肛门，这样反复练习。练习方法分为快速运动和慢速运动，快速运动就是在几秒钟内迅速收缩和放松，慢速运动是缓慢收缩和尽可能保持，或默数到10，然后放松休息几分钟后再重复。

这样每天锻炼数次，越接近分娩越要增加锻炼次数，收缩保持的时间也逐渐延长，这种运动要坚持到产褥期，它还有助于产后盆底组织的恢复。

学习吧

学习可不能放松哦，学完了数字1~9，咱们接着学习汉字"口"吧。

制作好"口"字的卡片，孕妈妈在桌前坐好，先将卡片放在肚子前给宝宝看一看，再放在桌上，排除思想杂念，用手仔细描摹"口"字的轮廓，并清晰而准确地读出"口"字的发音。反复儿遍之后，再给宝宝讲解口的作用。

准爸爸的参与

越临近产期，孕妈妈越容易出现紧张、焦虑、恐惧的心理，对于妻子的这种情况，丈夫一定要想办法帮妻子消除。当妻子显得不耐烦时，挑剔、耍脾气时，丈夫可以用一些幽默或诙谐的语言，来调节妻子的情绪；也要多鼓励妻子，让她多想想腹中的胎儿，激发她的爱子之情。还可以陪同妻子一起进行分娩辅助运动的练习，以加深父母与孩子的感情，不断地给胎儿以鼓励，这对胎儿有很大的意义。

营养食谱

拌黄牛肉

原料： 熟的黄牛肉400克，香葱30克，红椒、大蒜各少许

调料： 豉油、香油各适量

做法

1. 将黄牛肉切成薄滚刀块备用；

2. 香葱洗净切成段，红椒洗净切丝，大蒜去膜洗净后剁成蓉；

3. 将黄牛肉块和葱段、红椒丝、蒜蓉装入碗中，加入调料拌匀即可。

tips 黄牛肉可补气、养脾胃，是气虚之人进行食养食疗的首选肉食。

第 *39* 周——发育完全了

准妈妈：宝宝，妈妈现在的心情是忐忑中带着兴奋，其实好期待你的出生，妈妈将你的模样在脑海中想了上百遍，真是迫不及待地想要看看你是不是和我想象的一样了。

胎宝宝：妈妈，我现在安静了许多，不太爱活动了。因为我的头部已固定在骨盆中，所以会向下运动，压迫妈妈的子宫颈，妈妈可能难受了吧。妈妈坚持，加油，我们很快就可以见面啦。

孕妈妈的健康生活

◆为防止胎儿发生异常情况，必须每周进行一次产前检查。

◆检查准备事项是否还有遗漏之处，譬如与家人的联络方法、前往医院的交通工具等是否安排就绪，以便随时到医院分娩。

◆了解分娩开始的各种症状以及住院、分娩和产褥期的相关知识。

◆同医生商量，并了解分娩的方式，根据身体情况选择好分娩方式。

◆预产期前几天，孕妈妈尤其要注意保持外阴清洁，每天早晚用肥皂、温开水反复洗涤外阴、大腿内侧和下腹部。

◆和准爸爸一起准备好入院的证件、衣物、婴儿用品等。

朗读吧

给宝宝读一读有关兔子的故事吧。下面的小故事诙谐幽默，孕妈妈或准爸爸可以诙谐的语气读出，孕妈妈还可以在脑海中想象一下可爱的兔子和老虎你躲我追的故事情节，带给胎宝宝愉快的感受。

虎和兔

坡上有只大老虎，
坡下有只小灰兔。
老虎饿肚肚，

想吃灰兔兔。

虎追兔，兔躲虎，

老虎满坡找灰兔。

兔钻窝，虎扑兔，

刺儿扎痛虎屁股。

气坏了虎，乐坏了兔。

饿虎肚里咕咕咕，

笑坏了窝里的小灰兔。

欣赏吧

临近分娩，有些孕妈妈会比较紧张，一面害怕分娩时的疼痛，一面又很期待宝宝的出生，这种矛盾的心理会让许多孕妈妈出现焦虑不安。加上此时身体沉重，许多运动受到限制，所以，此时欣赏一些世界名画不失为一个缓解孕妈妈焦虑情绪的好方法。

下面这幅画为拉斐尔所作的油画——《美丽的女园丁》。此画通过美丽的女园丁的形象，表现圣母玛利亚的世俗之爱的精神。笔锋细腻，技巧完美，表现出了女园丁的亲切、和蔼。赤子的纯洁可爱，对于母性的依恋，给人一种感受煦暖阳光普照的亲情。此画生动传神地传达了作者对生活的渴望，孕妈妈集中注意力凝视画面，是不是也感受到了这种美好呢？

207

动动手吧

越到临产胎教越不能放松。下面孕妈妈来动手画画吧，今天画个可爱的兔子。

1. 先画一个圆圆的兔子头，还有大大的耳朵；

2. 再来画胖乎乎的身子和四肢；

3. 画上圆圆的眼睛，别忘了还有尾巴哦；

4. 最后给可爱的兔子涂上颜色。

学习吧

继续宝宝的汉字学习吧，今天要学汉字"手"。

孕妈妈自己动手制作好颜色艳丽的手的卡片，因为色彩对宝宝的视觉发育有良好的刺激作用。制作好后先给宝宝看一看，再用手仔细描摹，准确清晰地发出"汉"字的读音。然后告诉宝宝："每个人都有两只手，每只手有5个手指头。看，妈妈现在就用手在抚摸你呢，宝宝感觉到了吧。"

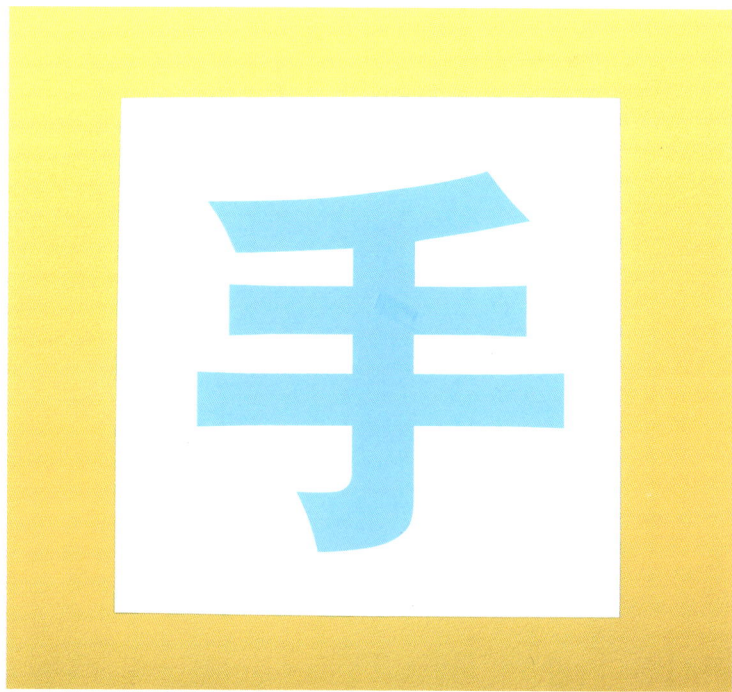

准爸妈讲百科

亲爱的宝宝，你还记得上次爸爸妈妈和你在路旁看到的花了吗？前些日子还香气迷人呢，今天却有些枯萎了，这是为什么呢？

花儿会枯萎是因为植物开花是为了传播花粉，为了结出果实，在花儿绽放的那一瞬间，就会有花粉离开了花儿，传播到空气中去了。这时，勤劳的蜜蜂呀、蝴蝶呀闻到花儿的芬芳或看到艳丽的颜色后，就会帮助花儿授粉。当花儿枯萎之后，它们的任务也就完成了，不久之后，我们就能吃到各种美味的果实了。

准爸爸的参与

随着产期的临近，准爸爸与孕妈妈都应做好分娩的思想准备，可以多阅读一些有关分娩的书刊，或咨询有关专家，了解分娩的过程，做到心中有数。准爸爸还可以陪同准妈妈到产房去看一看，孕妈妈如果对自己所要待的产房环境、分娩设备有所了解，就不会那么紧张了。

◎**产床**

产床上设有利于产妇分娩的支架，有些部位可以抬高或降低，床尾可去掉。

◎**胎儿监测仪**

可时刻记录下宫缩和胎儿心跳，通过这种仪器可以了解胎儿情况。

◎**保温箱**

因新生儿的热量易于丧失，为防止体温降低过快，有时会将其放入保温箱内。

◎**吸氧设备**

宫缩时胎儿的血液和氧气供应都会受到影响，吸氧会使产妇的氧气储备增加，增加对宫缩的耐受能力，对产妇和胎儿都有好处。

◎**吸引器**

胎儿在母体内处于羊水包围之中，口腔和肺内有一定量的羊水存在，新生儿受到产道的挤压，羊水被挤压出去，少数新生儿口腔内仍有羊水，甚至还会有胎粪，就需要用吸引器吸出，它是产房必备的设备之一。

营养食谱

木瓜三鲜炒虾球

原料： 新鲜虾350克，木瓜200克，荷兰豆100克，白果50克，黑橄榄5颗

调料： 食用油、食盐、味精、料酒、水淀粉各少许

做法

1. 新鲜虾去壳和泥肠后洗净，加少许食盐和料酒拌匀腌渍一会，木瓜去皮和子后切成块；

2. 荷兰豆去筋洗净，切成菱形片，白果去壳，黑橄榄去核，分别入沸水中焯烫备用；

3. 锅中放油烧热，下入虾仁滑炒散，加入木瓜块、荷兰豆片、白果和黑橄榄，一同炒至熟后加食盐、味精调味，最后用水淀粉勾少许薄芡即可。

第40周——宝宝要出生了

准妈妈：宝宝，这一天终于来到了，你要出生了！妈妈一想到可以真切地面对你，就连分娩疼痛的恐惧都能视若无睹，宝贝，妈妈爱你，你会在爸爸妈妈身边幸福地长大。

胎宝宝：妈妈，我身体内的所有器官和系统都已发育成熟，是一个鲜活的小生命，随时可以出生了！亲爱的妈妈，我好兴奋，因为你马上就能抚摸到我，将我实实在在地抱在怀里啦！

孕妈妈的健康生活

◆了解分娩先兆，做好分娩准备，在临产前做到不慌乱、不紧张，采取合理的措施。

◆合理安排生活，尽量不外出，但也不要整天卧床休息，可做一些力所能及的轻微运动。

◆分娩时体力消耗较大，因此分娩前必须保证充分的睡眠和营养。

◆注意身体清洁，若到公共浴室洗澡，必须有人陪伴，以防止湿热的蒸汽引起昏厥。

◆临产前应有人陪伴。

唱歌吧

《雪绒花》是音乐剧《音乐之声》的插曲。在奥地利，雪绒花象征着勇敢，因为野生的雪绒花生长在环境艰苦的高山上，常人难以得见其美丽容颜，所以见过雪绒花的人都是英雄。

从前，奥地利许多年轻人冒着生命危险，攀上陡峭的山崖，只为摘下一朵雪绒花献给自己的心上人，因为只有雪绒花才能代表为爱牺牲一切的决心。孕妈妈来唱一唱这经典的歌曲《雪绒花》吧，也把这爱传递给腹中的宝宝，用英文唱一遍后再用中文

唱一遍。

edelweiss, edelweiss
every morning you greet me
small and white, clean and bright
you look happy to meet me
blossom of snow may you,   bloom and grow
bloom and grow forever
edelweiss, edelweiss
bless my homeland forever

雪绒花，雪绒花。
每天清晨迎接我。
小而白，纯又美。
总很高兴遇见我。
雪似的花朵，深情开放。
愿永远鲜艳芬芳。
雪绒花，雪绒花。
为我祖国祝福吧！

读书吧

这首散文诗《孩童之道》，让我们感受到母子情深，感受到母子是那么亲昵、那么亲热。为什么孩子那么快乐、那么天真、那么活泼、那么可爱？因为他沐浴着母爱。孩子偏爱着母爱，也想着怎么回报母爱。我们的生命因为爱而更加富足。

只要他们愿意，此刻便可飞上天去。
他们所以不离开我们，并不是没有缘故。
他们把他们的头倚在妈妈的胸间，
他即使是一刻不见她，也是不行的。
孩子知道各种各样的聪明话，
虽然世间的人很少懂得这些话的意义。
他所以永不想说，并不是没有缘故。
他说要做的一件事，就是要学习从妈妈的嘴唇里说出来的话。
那就是他所以看来这样天真的缘故。
孩子有成堆的黄金与珠子，

但他来到这个世界上，却像一个乞丐。

他所以假装这样来了，并不是没有缘故。

这个可爱的小小的裸着身体的乞丐，

所以假装着完全无助的样子，便是想要祈求妈妈的爱的财富。

孩子在纤小的新月的世界里，是一切束缚都没有的。

他所以放弃了自由，并不是没有缘故。

他知道有无穷的快乐藏在妈妈的心的小小一角，

被妈妈亲爱的手臂所拥抱，其甜美远胜过自由。

孩子永不知道如何哭泣。

他所住的是完全的乐土。

他所以要流泪，并不是没有缘故。

虽然他用了可爱的脸儿上的微笑，引逗得她妈妈的热切的心向着他，

然而他的因为细故而发的小小哭声，却编成了怜与爱的双重约束的带子。

动动手吧

不到分娩的最后时刻，胎教不能停止。今天准备好一张纸来给宝宝折个牛头吧。

1. 取一张正方形白纸，将2个对角对折得到2条相交的虚线；

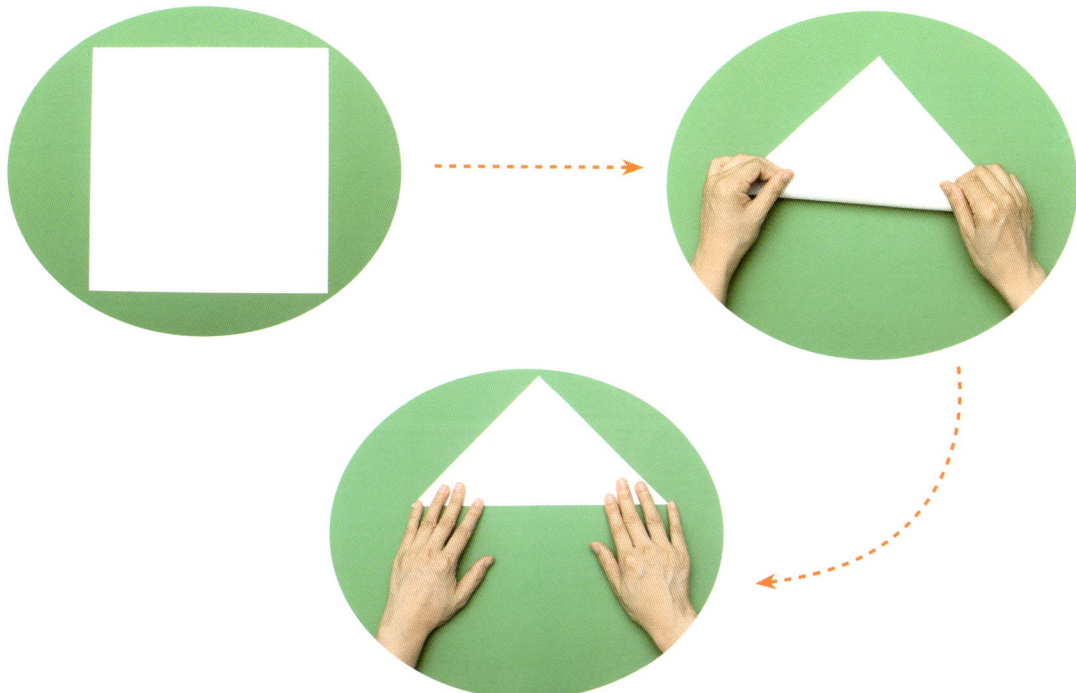

2. 向里对边折，形成一个三角形；

3. 将上面左右2个角如图所示向上折；

4. 将突出的2个尖角对折；

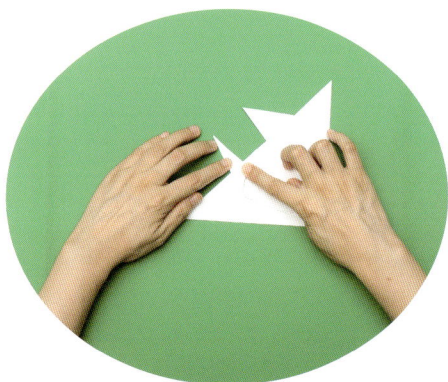

5. 将左侧纸曲折；

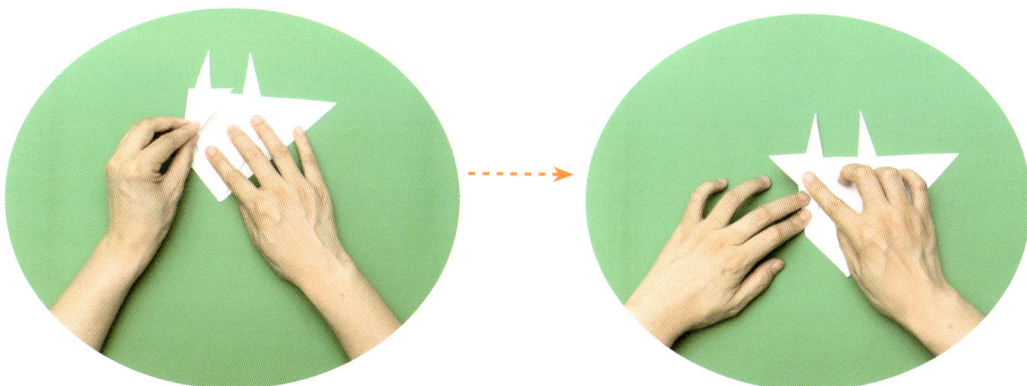

6. 右侧纸同样曲折，下面的尖角向上折；

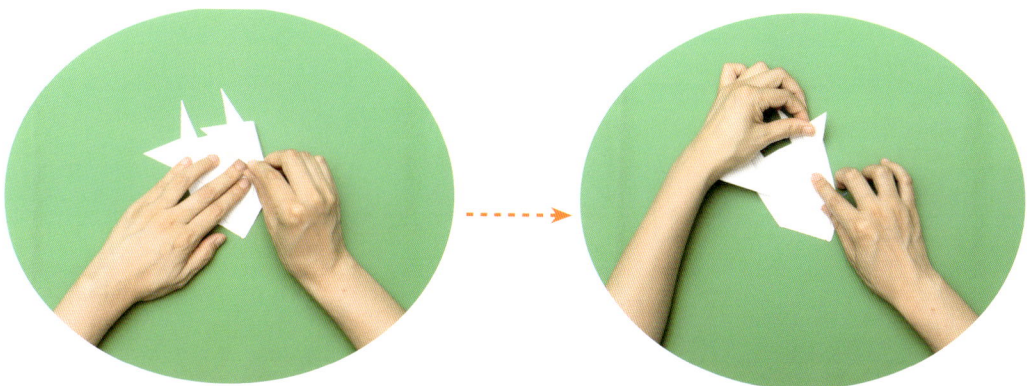

7. 翻过来，画上眼睛、鼻子，一个牛头的形象就完成啦。

准爸爸的参与

怀孕接近尾声，准爸爸可不要松懈，分娩是女人极其重要的一关，准爸爸更要予以关心。临产期间，准爸爸应尽量不要外出，夜间要在妻子身边陪护。这个时期准爸爸应该把一切都准备好，随时准备迎接宝宝的到来。在孕妈妈分娩前，准爸爸要准备好充足的水、点心或孕妈妈平时喜欢吃的小零食，最好再准备一些巧克力，以便随时补充能量。

分娩时，准爸爸要为妻子进行触摸或轻轻揉摸背部、腰部、腹部等部位，在带给妻子柔情的同时也有助于减轻其痛楚。在妻子阵痛间隙，可以和妻子一起想象宝宝的模样，讲讲将来怎样培养他，宝宝会如何调皮，如何可爱，生活会如何精彩等等，努力制造轻松气氛。

营养食谱

淮山大枣炖鸡

原料： 鸡腿400克，淮山50克，红枣8颗，枸杞子10克

调料： 食盐适量

做法

1. 鸡腿洗净剁成块，入开水中氽烫，再用冷水冲洗净；

2. 红枣、枸杞子、淮山分别洗净；

3. 将鸡块、淮山、红枣和枸杞子放入炖盅内，加入淹没材料的水，盖上盖后隔水炖煮40分钟至鸡块熟烂，最后加食盐调味即可。

tips 越是临产，越要吃含铁丰富的食物，如黑木耳、红枣、菠菜、莲藕等。